U0693179

信息化教学设计
与学习方式探究

霍婷婷　著

陕西师范大学出版总社　西安

图书代号　JY24N1506

图书在版编目（CIP）数据

信息化教学设计与学习方式探究 / 霍婷婷著.
西安：陕西师范大学出版总社有限公司，2024. 9.
ISBN 978-7-5695-4596-8

Ⅰ．G434

中国国家版本馆 CIP 数据核字第 2024Z60S05 号

信息化教学设计与学习方式探究

XINXIHUA JIAOXUE SHEJI YU XUEXI FANGSHI TANJIU

霍婷婷　著

特约编辑	刘会娟
责任编辑	徐文婷　胡雨琛
责任校对	赵　倩
封面设计	知更壹点
出版发行	陕西师范大学出版总社有限公司
	（西安市长安南路 199 号　邮编　710062）
网　址	http://www.snupg.com
印　刷	河北赛文印刷有限公司
开　本	710 mm×1000 mm　1/16
印　张	10
字　数	200 千
版　次	2024 年 9 月第 1 版
印　次	2024 年 9 月第 1 次印刷
书　号	ISBN 978-7-5695-4596-8
定　价	72.00 元

读者使用时若发现印装质量问题，请与本社联系、调换。

电话：（029）85308697

作者简介

　　霍婷婷，延安大学教育科学学院讲师，研究方向为信息化环境下的教学研究，讲授"教学系统设计""教育统计学"等多门课程，主持并参与多项省级和校级课题。

前　言

当今社会，随着计算机网络技术的发展和信息时代的到来，信息技术正以惊人的速度改变着人们的工作方式、交流方式、思维方式和生活方式。为了适应时代发展的需要，新一轮课程改革已经全面展开，教学模式和设计方式的革新已呈现出不可阻挡之势，信息化教学设计更是成为教育界关注的焦点。信息化环境下的教学既是对传统教学的继承，也是对信息化环境下教学新模式探索与建构的过程。

随着教学沿信息化方向不断发展，学习方式也呈现出信息化的特征。目前，各类学校的课堂中存在很多信息化的教学工具，很多运用信息化技术的、十分新颖的学习方式也相继问世，这极大地提高了学生的学习效率。对于我国的教育发展而言，这无疑发挥了巨大的推动作用，更能让学生紧跟时代发展的步伐。本书围绕信息化教学设计与学习方式展开探究与论述。

本书第一章为现代教育技术理论，内容包括现代教育技术概述、现代教育技术的产生与发展、现代教育技术的学习理论基础、现代教育技术的方法论基础；第二章为信息化教学设计理论，内容包括信息化教学设计概述、信息化教学设计的理论基础、信息化教学设计的资源与评价；第三章为信息化教学环境建设，内容包括信息化技术与多媒体教室、信息化技术与校园网、信息化技术与数字化学习资源中心、信息化技术与计算机网络教室；第四章为信息化时代的学习方式，内容包括信息化学习方式的内涵、信息化学习方式的发展与误区；第五章为信息化学习方式的拓展，内容包括信息化自主学习方式、信息化合作学习方式、信息化探究学习方式、信息化接受学习方式、信息化体验学习方式、信息化移动学习方式。

在撰写本书的过程中，笔者参考了大量的学术文献，得到了许多专家学者的指导和帮助，在此表示真诚的感谢！由于笔者水平有限，加之时间仓促，本书难免存在疏漏之处，在此，恳请同行专家和读者朋友批评指正！

目　　录

第一章　现代教育技术理论

本章主要介绍现代教育技术理论，主要从四个方面进行研究，分别是现代教育技术概述、现代教育技术的产生与发展、现代教育技术的学习理论基础、现代教育技术的方法论基础。

第一节　现代教育技术概述

一、现代教育技术的概念

美国教育传播与技术协会（AECT）在 1994 年发布的有关教育技术的定义如下：Instructional Technology is the theory and practice of design，development，utilization，management and evaluation of processes and resources for learning.（教育技术是关于学习过程和学习资源的设计、开发、利用、管理和评价的理论和实践。）

美国教育传播与技术协会在 2005 年发布的有关教育技术的定义如下：Educational Technology is the study and ethical practice of facilitating learning and improving performance by creating，using，and managing appropriate technological processes and resources.（教育技术是通过创造、使用、管理适当的技术性过程和资源，以促进学习和提高绩效的研究与道德实践。）

在部分学者看来，现代教育技术就是教育、教学过程中所使用的信息技术。同时，部分学者指出，这一技术就是在设计、使用、管理和评价教学活动和教学资源时，对现代教育理念和信息技术加以使用，从而使教学效果更加理想的理论和实践。

二、现代教育技术学的研究对象

根据 AECT 对教育技术的定义，我国学者认为教育技术学的研究对象是学习过程和学习资源两个范畴，研究内容包括学习过程和学习资源的设计、开发、运用、管理和评价五个方面。

（一）学习过程和学习资源的设计

设计就是借助系统科学的方法对教学中的问题进行分析，科学合理地明晰教学目标，以及针对教学问题形成完善的解决方案，且结合方案采取措施付诸实践，再对方案进行评价和改善的过程。设计以教学系统为对象，并在充分了解学习者特征和学习需求的基础上进行教学内容设计、教学媒体和教学策略设计。

（二）学习过程和学习资源的开发

这里的开发主要指教学媒体制作，包括传统教学媒体（印刷媒体）软件的开发、现代教学媒体（视听媒体，如广播、电视等音像媒体和计算机）软件的开发。当前，开发范畴主要是各学科与信息技术整合，用于教学系统和其他相关系统的开发研究。

（三）学习过程和学习资源的运用

运用是指对各种学习资源（特别是媒体和新技术）加以有效利用，以促进学习者学习活动的过程。将信息技术手段应用到教育教学中，可以优化教育教学过程。

（四）学习过程和学习资源的管理

管理是指对所有学习资源和学习的全过程进行计划、组织、指挥、协调和控制的过程，具体包括教学系统管理、教学资源管理、教学项目管理和信息管理四个方面。

（五）学习过程和学习资源的评价

评价是指依据教学目标对教学过程及结果进行价值判断并为教学决策服务的活动。评价包括诊断性评价、形成性评价和总结性评价。

三、现代教育技术的功能

随着信息时代的到来以及网络技术的迅猛发展，现代教育技术优化了教与学的信息传输过程，改变了传统的教育模式，在教育教学过程中发挥着重要作用，在教育改革中有不可替代的作用。现代教育技术的功能主要有以下几点。

（一）提高教学质量和效率

教学质量和效率是每个教师所关心的，也是教师在教育教学活动中追求的基本目标。传统教育已无法很好地适应高科技型知识的传播和高素质型人才培养的需求，现代教育技术追求教育教学的最优化、教学媒体的多样化、教学组织形式的多元化等。

运用现代教育技术展示的多媒体教学信息可同时刺激学生的多种感官，使抽象的知识具体化、形象化，能够充分激发学生的学习兴趣和学习动机，易于学生学习和理解。同时，其还可以提供间接经验，使具体与抽象、理论与实际相结合。在教学中适时地使用现代教育技术媒体和手段，能使事物变小为大、变静为动、化虚为实、化远为近、化难为易，通过事物的变化，直观、形象地揭示事物的本质与内在联系，激发学生的学习兴趣，提高教学质量和效率。

（二）扩大教育规模

社会的发展要求人们不断更新知识，这使得受教育者数量增多，然而传统的课堂教育在师资不足的情况下不能满足社会的人才培养需求。现代教育技术利用广播、电视、计算机、投影仪和计算机网络等现代媒体，传输和存储教育教学信息，因此一名教师能同时教许多学生，这样一来，大大节约了师资力量和校舍资源，扩大了教育规模，满足了日益增长的人才培养需求。

（三）推进教育改革，促进教育信息化

现代教育技术以教育思想、教育理论为指导依据，提倡教育思想、教育理论的更新，有效地促进了教育观念的改革。现代教育技术主张教学形式多样化，利用教学系统设计的方法，采用多种形式来进行教学，有利于因材施教和学生的个性发展。现代教育技术采用传统媒体和现代媒体相结合的教学手段，最大限度地发挥各种媒体的优势。总之，现代教育技术从多方面推进教育改革，不管是教育观念、教学形式，还是教学手段，在教育信息化的过程中都起到了催化剂作用。

（四）促进教师学习现代教育技术并提升素质与技能

1. 提升教师的专业素质

教师的专业素质包括专业知识、专业技能、专业态度。现代教育技术能力和这三部分有着紧密的联系。教师通过学习现代教育技术，不断更新教育理念，在教育和教学活动中运用现代信息技术，从而提高专业素质。

2. 提升教师的教育技术运用能力

如今，信息技术仍处于快速革新、发展的阶段，其在教育领域的作用和影响不断增强，因而教师需要适应这一形势，适应当前教育对自身信息素养的高要求。构建现代化教育，必然要经历教育的信息化，而这又和教师的教育技术运用能力有着直接的关系。也就是说，教育信息化要求对教师进行教育技术培训。

提高教师的教育技术是提高教师信息素养和推进教育信息化的重要措施。教师学习教育技术，可促使其转变教育思想，深入进行教学内容、教学方法和教学手段的改革，提高运用现代教育技术手段组织教学的能力，加快教育现代化的步伐。

第二节　现代教育技术的产生与发展

一、现代教育技术的产生

媒体技术和信息技术迅猛发展，其不断作用于教育的发展过程，并且这种作用在日渐强化，使得教育发生相应的变化。出于社会发展需要和教育发展需要，现代教育技术形成了。

关于教育技术的产生有两种观点：一是基于教育研究领域和实践领域的研究队伍而产生的重要教育理论的研究；二是基于技术在教育中的应用领域的研究队伍而产生的重要技术应用的研究。各教育技术研究专家也有不同的观点。

美国是现代教育技术的发源地。现代教育技术的发展历程分为视觉教育、视听教育、视听传播和教育技术。

（一）视觉教育

时期：19世纪末至20世纪20年代。

特征：幻灯机、放映机和无声电影出现，这类新技术应用于教育领域。

典型事件："视觉教育"名称的出现和争议。

1913年，部分科学家预测，教科书在学校教育中将被快速淘汰。不远的未来，学生主要借助视觉参与教学，以电影的手段和形式对人类知识的所有学科进行教学有可能成为现实。

1923年，美国教育协会建立"视觉教学部"（Division of Visual Instruction，DVI）。

1928年，美国出版首部与视觉教育相关的教科书——《学校中的视觉教育》。书中判定，相比其他经验，在学习方面，视觉经验具有更强的影响力。

（二）视听教育

时期：20世纪20年代至20世纪50年代中期。

特征：在教育领域，使用了一批新技术（留声机、录音机和无线电收音机，有声电影，语言实验室等），"媒体理论"逐渐被教育界关注。

典型事件："视听教育"名称的出现。

1946年，美国视听教育家戴尔（Dale）撰写出版了《视听教学法》，其中提到了"经验之塔"理论。

1947年，美国教育协会将"视觉教学部"改名为"视听教学部"。

视听教育，是指除了在教育中采取幻灯片、录音等现代媒体，还采取照片、图表、模型、标本等直观教具，以及通过参观、旅行、展览等方式进行的教学活动。凡是传授观察经验的教育活动，都属于视听教育。

（三）视听传播

时期：20世纪50年代中期至20世纪70年代。

特征：视听教学迅速发展，教学中语言实验室、教学机器、计算机、电视教学、有声电影的使用变得更加广泛，"教育传播理论"逐渐受到关注。

典型事件：视听传播术语的出现和相关理论的发展。

1961年，美国教育协会视听教学部组成"定义和术语委员会"，视听信息的显示不再是研究重点，而是为视听信息的传播设计所取代。

视听传播的现实性目的是在教学中充分和有效地利用能够最大化地发挥学习者能力的传播方法和媒体。

（四）教育技术

时期：20世纪70年代末起。

特征：开始关注媒体技术的发展和理论观念。

典型事件：1970年，美国视听教育协会改名为教育传播与技术协会。1972年，美国教育传播与技术协会将其实践和研究的领域正式定名为"教育技术"。

二、我国现代教育技术的发展

我国教育技术萌芽于20世纪20年代。1919年，位于南京的金陵大学运用幻灯电影进行教学，这是我国电化教育起步的标志。在我国，教育技术的发展有两条主线：一条主线是随着媒体的发展而产生的，另外一条主线是随着教育技术名词的演变而产生的。

（一）媒体的发展

1.语言媒体阶段

对于人类交流而言，语言媒体有着重要意义，其诞生意味着人类的交流进入了新的境界，尤其是关于知识的记忆和传递、对复杂概念的表达，这两种能力实现了极大的发展。语言媒体的功能以符号功能为主，作为实物、现象的声音符号，语言能够发展人类的思维，使人类能够进行思想表达。通过语言，人类能够对实物和现象进行概括，进而形成概念，这有助于人类思维能力的发展，人类的认识范围得以扩大，能力得以提升。因此，对于人类社会的发展、教育的发展而言，语言媒体具有不可替代的作用。

2.文字和印刷媒体阶段

自语言形成后间隔几万年才形成文字。文字的使用可以追溯到公元前4000年左右。手写文字组成的书本则要追溯到3000多年前。印刷术的形成更晚，最早的印刷方式为雕版印刷术，于公元450年，也就是我国的南北朝时期出现；活字印刷术在公元1045年，也就是我国的宋朝时期出现；金属活字印刷术的出现是在公元15世纪，由德国人古腾堡（Gutenberg）所创。印刷术的发展，促使书籍成为重要的传播手段。

在印刷媒体的发明和改进之下，信息得以大量的复制、存储，传播范围也变得十分广泛。对于教育而言，其好处之一是教科书能够被大量印刷，大规模的公共教育不再止步于幻想。17世纪，班级授课制出现，而后出现了很多类型的学校，教育领域迎来重大变化。可以说，这一阶段，对于学校教育而言，教科书就是最重要的媒体。

3.电子传播媒体阶段

电子传播媒体就是以电子技术为核心形成的传播媒体，包括幻灯、电影、投影、广播、电视、卫星电视、录像、录音、计算机等。它有力地推动了信息存储和传递能力的提升，大大提高了人类信息的传播效率。

在教育领域，电子传播媒体的优势体现在如下方面。

首先，电子传播媒体促使教学信息得以在极大的范围内实现即时传播，推动教育领域教学规模扩大、学习资源更为丰富，摆脱了时空条件的束缚，作为一种新的手段有力地推动了教育普及。

其次，除了对语言、文字和一般图片进行传播，电子传播媒体还能够对动图进行传播，使得信息具备更强的表达能力。将电子传播媒体用于教育，可以使教育更具直观性，可以解决以往传统媒体无法形象直观地对技能、动作进行展示等问题，能促进教学质量和效率的提升。

最后，电子传播媒体能够对现场的实际状况进行记录、再现。

4. 网络媒体阶段

20世纪90年代，网络媒体进入了教育领域。网络媒体和传统的电视、报纸、广播等媒体一样，都是传播信息的渠道，是交流、传播信息的工具，是信息载体。

网络媒体的最大优势是交互性强，它不同于传统媒体的信息单向传播，而是信息的双向互动传播。在教育教学过程中，学习者通过网络可以最大化地利用资源，实现自主化学习；教育者可以实现个性化教学和教学管理自动化。

（二）从电化教育到信息化教育

1. 电化教育

"电化教育"这个名词是20世纪30年代在我国出现的。1936年7月，我国正式使用"电化教育"一词。此后，"电化教育"这个名词便逐渐被引用，一直到现在。电化教育的出现和发展形成了我国教育技术史上一个重要的历史阶段。

2. 教育技术

1993年，我国政府正式确定将电化教育专业更名为教育技术学专业。我国的教育技术最早主要是音频和视频技术及其他技术手段在教育中的发展和应用。以广播电视和卫星为主体的远程教育形式，促使了教学的组织、学习方式和教学方法的变革。

3. 现代教育技术

现代教育技术能够作为术语出现，归因于两点：一是部分国内学者延伸了教育技术这一概念，将教学过程中的所有方法和手段都称为教育技术；二是将现代教育技术概念界定为教育中的现代技术，因此提出了现代教育技术。

4. 信息化教育

信息化教育的概念是在20世纪90年代随着信息技术的飞速发展而提出来的。随着信息化教育的实现，教育信息化也被提出，这两者之间的区别就是教育信息化是实现信息化教育的过程，而信息化教育是教育信息化最终实现的结果。

相关研究人员认为，电化教育和现代教育技术、信息化教育三者的目的和研究对象相同。它们的名词虽不同，但实质是一样的，都是在现代教育思想、理论的指导下，运用现代信息技术，优化教育教学，提高教育教学的质量和效率，因此可以互相换用。

三、现代教育技术的发展趋势

信息技术的发展促进了教育信息化的发展，并起到了加速的作用。在信息技术和网络普及的时代，教育也随着社会和新兴媒体的出现发生着变革，教育媒体、教育观念和教育形式等都在发生着变化，教育技术已全面地渗透到教育的各个领域，并成为人类获取知识的基本手段和方式。当然现代教育技术也发生着巨大的变化，现代教育技术的发展正沿着普及化、网络化、智能化、虚拟化的方向发展。

（一）教育技术应用普及化

在信息技术飞速发展的 21 世纪，加强教育信息化装备与信息化工作，推动教育信息化进程，是教育发展的新趋势。现代教育技术的普及，将是未来教育中不可缺少的部分。在我国部分地区，教师的教育技术水平有待提高，教师的教育技术能力有待加强。现代教育对教师提出必须应用现代化教育技术的要求，因此我们必须加快教育技术普及的步伐。

（二）教育知识传播网络化

从古至今，信息的交流都非常重要，从远古元谋时代的肢体语言交流发展到古代鸿雁、飞鸽、烽火、驿站的信息传播，再从古代的传统传播方式到现在以互联网为信息主要载体平台，随着信息技术的发展，教育信息的传播方式也紧跟其步伐，教育知识传播将向网络化发展。网上无国界，与互联网连接的主体都是平等的。互联网打破地域的界限，具有极为广泛的传播面。

（三）教育软件智能化

人工智能（Artificial Intelligence，AI）是新兴的交叉科学，出现并兴盛于 20 世纪 50 年代中期，属于计算机科学领域，主要是对能够将人的智能进行模拟、延伸和扩展的理论、方法、技术和应用系统进行研发。

在教育软件开发设计中，应用人工智能技术，能够丰富软件内容，增强其教育能力。对于教育软件而言，使用人工智能技术，能够改变和优化其交互模式，显著增强其综合能力，促进软件的智能化和人性化，从而能够对教学的不同交互需要进行适应。此外，人工智能技术能够进行记忆学习、逻辑推理和归纳，学生在使用教育软件学习的过程中会产生答题记录，基于此，教育软件能够对学生的学习进行全面的分析，锁定学生学习的薄弱处，并及时将之反馈给教师和学生本人。

（四）教育环境虚拟化

虚拟现实（Virtual Reality，VR）也被称为灵境技术，或者人工环境，是新兴的高科技技术。其主要是借助计算机模拟生成一个三维空间的虚拟环境，使用户能够获得模拟形成的多种感官知觉，从而获得身临其境之感，使用户能够对这个虚拟环境中的事物进行实时的、无限制的观察。

在教育领域，虚拟现实具有极大的应用价值，可以将多种虚拟场景模拟出来，生成极为逼真的教学情境。模拟出来的内容十分丰富，可以使学生将注意力集中于课堂教学，也可以发展学生的思维，充分地激发学生的学习热情，调动学生的学习积极性，获得较好的教学效果。

总而言之，在教育的未来发展中，教育技术所具备的交叉学科的特性将会不断凸显。教育技术将会更加侧重于实践性和支持性方面的研究，将会更加关注对学习活动的设计和支持。

第三节　现代教育技术的学习理论基础

一、行为主义学习理论

行为主义学习理论在目前的学习理论当中是一大主流，也被叫作刺激—反应（S-R）理论。这一理论主张，学习就是将刺激和反应联结起来，对于环境刺激，学习者的反应就是行动。也就是说，将环境视为刺激，将对应的有机体行为视为反应，一切行为皆是习得的。

（一）行为主义学习理论的代表人物及其观点

1. 桑代克的学习的联结说

美国心理学家桑代克（Thorndike）认为学习是一种渐进的尝试错误的过程，随着错误反应逐渐减少、正确反应逐渐增加，最终形成稳固的刺激—反应的联结，即 S-R 之间的联结。桑代克最著名的贡献就是迷箱实验，通过观察猫如何从迷箱中逃脱，总结出三条学习定律，即准备律、练习律和效果律，并且认为人和动物遵循同样的学习定律。

（1）准备律

这一学习定律是发生在反应者内心的一种心理状态。对于人而言，其所做出的所有反应不仅由外部情境决定，还受内部状态的影响，所以，学习是一种主动性的活动，绝非消极地接受知识。一切学习行为必然出于学习者一定的需要，呈现为兴趣与欲望。同时，对某一情境做出反应时，必须具备不可缺少的素养和能力，如此才能形成良好的心理准备。

（2）练习律

从本质上看，这一学习定律就是对刺激和反应之间的感应联结进行强化。对于某一情境，多次做出反应，那么两者间的联结也会更加坚实。反过来说，如果很长时间没有做出反应，那么这种联结自然会弱化。而后，桑代克对练习律进行修正，其表示与这种单纯的反复多次练习相比，在反应后受到奖赏，对感应联结的强化作用更大。

练习律可以分为两种：一是应用律，主要指如果应用某个已经形成的可变联结，那么这个联结就会强化；二为失用律，其表述角度与应用律相反，指的是如果长时间不应用，联结就会弱化。

（3）效果律

这一学习定律主要强调的是反应结果，学习者所形成的感受会对其学习效果起到决定作用。也就是说，对于某一情境，学习者应用了反应，从而生成一种可变联结，如果随之有一种带来正向感受的状况，那么联结会强化；如果随之有一种带来负面感受的状况，那么联结会弱化。

20世纪30年代，桑代克对效果律进行了更深层次的考察，发现满足感所产生的学习动机比厌烦感所产生的学习动机更加强烈，所以对效果率进行了修改，更加突出奖赏，而不突出惩罚。

2. 华生的学习的刺激—反应学说

行为主义心理学的创始人约翰·华生（John Watson）认为人类的行为都是后天习得的，学习是形成和塑造外显的行为，无法获知到内部的心理状态；对于刺激和反应而言，学习是两者之间的联结，在人做出反应的时候，是客观刺激在起着决定作用。华生通过实验得出了许多关于人类的感觉、情绪、思维、人格等方面的理论，并提出了学习上的频因律、近因律等学习理论。

（1）频因律

当剩余条件等同的时候，在华生看来，如果做了较多的行为练习，那么就能更快形成这种习惯。所以，对于形成习惯而言，练习的次数有着不可小觑的作用。形成习惯时，所有练习都是以有效动作结尾的，所以相比无效动作，有效动作的行为次数要更多，因而，有效动作能够形成习惯。

（2）近因律

华生指出，如果频繁做出反应，相比出现时间更久的反应，更易于强化的是出现较晚的反应。这是由于练习的时候，最后一个反应往往会是有效反应，因而下次练习时更易于做出该反应。所以，华生将反应与成功之间的距离作为一种标准，对某些反应被保留而某些反应被消除的情况进行解释。华生表示，形成习惯的反应一定是与成功之间时间距离最近的反应。

3. 斯金纳的操作性条件反射说

美国心理学家斯金纳（Skinner）把行为分为应答性行为和操作性行为两类。应答性行为是由已知的刺激引起的反应；操作性行为是由机体自身发出的反应，与任何已知刺激物无关。与这两类行为相应，斯金纳把条件反射也分为两类：与应答性行为相对应的是应答性反射，称为刺激（S）型；与操作性行为相对应的是操作性反射，称为反应（R）型。S 型条件反射是强化与刺激直接关联，R 型条件反射是强化与反应直接关联。强化有正强化和负强化之分：当一种刺激的增加能提高行为发生频率时，称为正强化；当一种刺激的减少能提高行为发生频率时，称为负强化。

斯金纳基于操作性条件反射和积极强化的原理设计了程序教学机器，并提出了如下的程序教学原则。

（1）积极反应原则

程序教学主张在教学过程中使学习者始终处于一种积极学习的状态。也就是说，在教学中使学习者产生一个反应，然后对这个反应给予强化或奖励，下次遇到相同的情况时，再次发生这种反应的概率就会提高，从而巩固这个反应，并促使学习者做进一步反应。

（2）小步子原则

在程序教学过程中，基于内在联系，可以将教学内容分为多个小步子，小步子之间是层层递进的，前者为后者的铺垫，后者以前者为基础。相邻小步子的难度差距较小，学习者能够不费力地获得从前一步到后一步的成功，从而形成学习自信。

（3）及时强化原则

程序教学特别强调及时强化，要求学习者在做出每个反应后，必须使学习者知道其反应是否正确。强化不是简单地重复和记忆，而是为了进一步地学习与应用。及时强化，才能使知识迁移应用。

（4）自定步调原则

程序教学以学习者为中心，允许每个学习者按自己的实际能力来确定学习速度。这一原则以个别学习的方式为前提。

（5）低错误率原则

低错误率原则是指在小步子的程序教材引导下，学习者尽可能少地出现错误。少错误或无错误的学习可以增强学习者学习的积极性，提高学习效率。

斯金纳的操作性条件反射说，是将动物实验推及人类，因而对人的复杂的学习行为难以做出令人满意的解释。

总之，根据桑代克和斯金纳的观点，学习是通过行为受奖励而进行的；华生强调学习是通过刺激和反应的同时出现而进行的。

（二）行为主义学习理论的基本观点

一是对于刺激和反应而言，学习是两者间的联结，其公式表示为 S-R（S 代表刺激，R 代表反应）。一定的刺激对应着一定的反应。

二是学习的过程是一种层层递进的、在尝试和错误之间形成螺旋直到成功的过程。学习进程每一步间差异要小，从而实现对事物从部分至整体的认识。

三是强化是学习成功的关键。

行为主义学习理论是在动物行为变化的基础上来解释人类学习行为的，它仅揭示了人类学习的生物属性的一面，还远不能将人类学习的复杂性和多样性揭示出来。因此，它在指导教学方面也存在局限性。

二、认知主义学习理论

认知主义学习理论认为，学习就是认识客观事物间的关系，就是建立刺激和刺激之间的联系。学习就是对知识进行重新组织，也就是本初的知识结构与学习对象本身的内在结构之间彼此作用。

（一）认知主义学习理论的代表人物及其观点

1. 苛勒的顿悟说

德裔美国心理学家沃尔夫冈·苛勒（Wolfgang Kohler）在以黑猩猩为被试验

对象的实验中，给黑猩猩设置了许多问题情境。其中一个情境是，将香蕉挂在装黑猩猩的笼顶上，笼内有两个木箱，黑猩猩在任何一个木箱上都够不着香蕉，只有将两个木箱叠在一起，然后站在上边的木箱上才能取到香蕉。还有一种情境是将香蕉放在笼外，笼内有两根短竹竿，用任何一根竹竿都够不着香蕉，只有将两根竹竿连接起来，才能够到香蕉。在多种类似的情境中，苛勒发现黑猩猩在设法拿到香蕉时，不是像桑代克描述的那样进行尝试错误活动，而是对情境进行良好的观察，然后表现出对解决问题情境的领悟。黑猩猩把两个木箱叠起来，站到木箱顶上拿到香蕉；或者把两根竹竿接起来得到香蕉。苛勒把黑猩猩的这种表现称为"顿悟"或"领悟"。因此，苛勒认为动物的学习不是尝试错误的学习，而是"顿悟"式学习。

苛勒认为顿悟就是对问题情境的突然理解。黑猩猩通过对情境的良好观察，看出（也就是认识到或理解了）箱子和获得香蕉之间的关系，明白了要获得香蕉需要站在叠放的箱子上。这种顿悟，使得动物实现了快速学习，也就是突然明白了箱子和获得香蕉之间的关系。

2. 布鲁纳的认知学习理论

美国教育心理学家杰罗姆·布鲁纳（Jerome Bruner）指出，从目的上看，学习就是要通过发现学习，将学科基本结构内化为自己的认知结构。所以，布鲁纳的认知学习理论也被叫作认知—发现学习说或认知—结构学习理论。这一理论包括以下两个基本观点。

（1）学习是主动地形成认知结构的过程

布鲁纳指出，学习是以主动的姿态生成认知结构，而非以被动的姿态生成刺激—反应的联结。他强调学习是主动发现的过程，而不是被动接受知识的过程。

（2）学习包括获得、转化和评价三个过程

布鲁纳认为，学习者不是被动的知识接受者，而是积极主动的信息加工者。学习包括三个过程：①获得新信息；②转换信息，使其适合于新的任务；③评价、检查加工处理信息的方式是否适合于该任务。学习活动首先是新知识的获得，新知识的获得过程是它与已有的知识发生联系的相互作用的过程，是主动地接受和理解的过程。获得了新知识以后，还要将它转化为认知结构的有机构成部分以适应新的任务。最后要对获得的转化的知识进行检验和核对，看自己的理解是否正确，能不能正确地应用。并且布鲁纳认为学习的三个过程几乎是同时发生的。

3.加涅的信息加工学习理论

美国教育心理学家加涅（Gagne）认为，学习是主体与环境相互作用的结果，不是"刺激—反应"的简单联结。在他看来，学习是人的倾向或能力的变化，这种变化能够保持且不能单纯归因于生长过程。学习的复杂程度是不一样的，既有简单的联结学习，也有复杂、高级的认知学习。加涅将学习从简单到复杂分为八种类型，即信号学习、刺激—反应学习、连锁学习、语言的联合、辨别学习、概念学习、规则学习和解决问题的学习。这一模式指出了信息的流程，即信息从一个结构流到另一个结构的过程。来自环境的刺激输入感觉记录器，然后进入短时记忆，随后，将信息编码储存，并且进入长时记忆。长时记忆被假设为永久的储藏仓库。短时记忆与长时记忆的功能不同。经过短时记忆到达长时记忆的信息可能恢复而回到短时记忆中去。储存在短时记忆或长时记忆中的信息恢复后，就到达反应发生器。反应发生器将获得的信息变成行动，即刺激效应器的活动，对环境产生作用。在这一模式中，有两个不可忽视的结构就是"执行控制""预期"，两者能够对信息流的加工形成加强和改变。"执行控制"起调节作用，"预期"起学习定向作用。

加涅认为，学习者的学习应按规定的程序来进行，这样才能效果更佳。因此，根据学习者的信息加工过程和学习者对信息的认知过程，他提出了九段教学法：吸引注意—明确学习目标—刺激回忆—给出刺激材料—结合学习者特征进行指导—诱发引导反应—给出反馈—评价判定学习者成绩—推动知识迁移。

（二）认知主义学习理论的基本观点

一是学习是对知识进行的重新组织，而非刺激与反应的直接联结。也就是说学习就是对新的知识结构进行组织和对原本的知识结构进行再组织，公式表示为S–AT–R。客体刺激（S）必须经由主体同化（A），融合于认知结构（T），才可以形成对刺激的行为反应（R），学习才会发生。

二是学习过程并不是在尝试和错误之间缓步前进的过程，而是突然明白和领会的过程，也就是顿悟，学习并非通过试错生成的。

三是学习是对信息进行加工的过程。将人脑比喻为电脑，学习就需要构建相应过程的计算机模型，学习行为就可以以计算机程序来理解。

四是学习主要是依靠智力和理解，不是通过盲目尝试。对事物的认识过程应当是先整体后部分，如果无法正确理解整体，则难以完成学习任务。

五是对于学习的生成而言，外在强化不具备必要性，即使缺少外界强化，学习也会生成。

认知主义学习理论强调培养智能，强调研究学习者内部的心理机制，认为学习不是盲目地不断尝试错误的渐进过程，而是个体对"问题情境"中的所有事物的逻辑关系的豁然理解过程，是个体对"目的"与"手段"的关系的突然觉察的过程，因此，学习即顿悟。

三、建构主义学习理论

建构主义也译作结构主义，是在认知主义学习理论进一步发展的基础上产生的一种理论。建构主义指出，世界是客观存在的，然而对于世界的理解，以及给予世界意义则是个人决定的，是基于个人经验对现实意义进行建构。因此，不存在知识的唯一性。

建构主义学习理论最早提出者是瑞士著名心理学家皮亚杰（Piaget）。

（一）建构主义学习理论的观点

一是学习者要习得知识需要自己进行主动构建，非被动接收。除了结构性知识之外，其余繁多的非结构性的经验背景也属于可以习得的知识。所谓的构建知识主要指学习者以本身的知识经验对新的经验进行解释并形成推断，且反思这一过程。

例如，童话故事《鱼牛》讲的是住在小池塘里的鱼和青蛙的故事。它们俩是好朋友，都想出去看看。因鱼不能离开水，只好让青蛙独自走了。这天青蛙回来了，鱼迫不及待地问青蛙外面的世界到底怎么样。青蛙告诉它，外面有许多新奇有趣的东西。"比如说牛吧，"青蛙说，"它的身体很大，头上长着两只弯弯的犄角，吃青草为生，身上有着黑白相间的斑块，长着四只粗壮的腿……"这时，在鱼的脑海里，出现"牛"的形象。鱼作为学习者，以其本身的知识经验对青蛙讲述的新经验进行了主动构建，因而形成了"牛"的形象。

二是学习过程同时包含两方面的建构：一是对新知识的建构，二是对旧知识的重组。学习者在接收新的信息后，在自己原有知识经验的基础上理解加工信息，这样学习者对原有知识的理解会随着新知识而发生变化。例如，当我们看到"魔灯"二字时，就会与大脑中原有知识"阿拉丁神灯"联系在一起，认为它是有魔力的灯，但当老师告诉我们"魔灯"就是"MOODLE"（Modular Object-Oriented Dynamic Learning Environment，面向对象的模块化动态学习环境），由其谐音而来，我们原有的知识就会因为新知识而发生调整和改变。

三是学习者对知识的认识是多元的，不存在唯一的标准的理解。"横看成岭侧成峰，远近高低各不同。"说明从不同的角度认识庐山会得到不同的结论。当然庐山是客观存在的，不以人的意志为转移。但是对于事物的认识离不开人的主观性。所以对于结构不良的知识，不存在唯一的标准的答案。

（二）建构主义学习理论指导下的教学模式

1. 随机通达教学

随机通达教学指的是学习者能够无拘束地借助多种途径和方式对同一教学内容进行学习，最终对其形成多角度的认知的教学方法。

这一教学模式的观点主要包括以下几部分。

①需要在多个时间反复学习同样的内容，但是每次学习需要对学习情境进行修改，出于差异化的目的，对同一问题的多个侧面进行侧重。因此，学习者应当进行多次复习，实现"温故而知新"。

②需要以充分的实际案例对任何概念进行辅助教学，实际案例需对概念的多个方面进行阐释说明。

③在这一学习过程中，学习者能够从多个方面和维度对同一概念进行理解，且将之联系于实际情境，成为背景性经验。这一教学方法能够帮助学习者基于情境将能够对解决问题进行指导的图式构建出来。

随机通达教学的主要环节：

①将基础情境构建和呈现出来。为学习者的初次学习构建和呈现出一定的情境，这一情境必须和学习主要内容有联系。

②随机进入学习。基于学习者学习的内容，将多个情境构建和呈现出来，这些情境必须能对其学习整体进行多角度展现，展现出各个侧面的特性。这一环节，教师需充分考虑到学习者的自主学习能力，引导其掌握自主学习的方法。

③开展思维发展训练。一般而言，随机进入学习，所对应的学习内容较为复杂，要分析、解决的问题会和很多方面有关，所以在教学中，教师需要重视培养学习者的思维能力。

④小组协作学习。学习者在各个情境中获得了关于问题多个侧面的特性的认识，需以此为中心进行小组讨论。讨论过程中，学习者和教师之间会形成一个协商环境。在这一环境中，各个学习者的表达都会为他人所评价，也都能够对他人的表达进行思考和评价。

⑤学习效果评价。这种评价包含两个部分，即自我评价与小组评价。

2. 抛锚式教学

抛锚式教学是基于能够感染学习者的真实事件、问题所建立的，旨在提高学习者的知识迁移能力和解决复杂问题的能力。

抛锚式教学的主要环节：

①设置情境。构建出接近于现实的情境，在这种环境中使学习者进行学习。

②明晰问题。基于这种真实性的情境，找到特定的真实事件或问题，其必须满足与学习主题有紧密联系这一条件，将之当成学习中心内容。这个事件或问题就是所要抛出去的"锚"。

③自主学习。这一环节中，教师并不将分析和解决问题的方法直接展示给学习者，而是给出相关提示和引导，重视引导学习者提升自己的自主学习能力。

④协作学习。这一环节以讨论和交流为主，学习者在自己和他人观点的碰撞中深化理解。

⑤效果评价。这一环节中，学习者的学习就是对问题进行自主解决，个人学习效果能够直观展现。所以，教师不必安排测验、考试等对教学效果进行评价，只需要对学习者自主学习过程中的表现和提出的观点进行观察和评价。

3. 支架式教学

支架式教学主要是针对学习者对知识理解的构建而给出概念框架的教学法。

支架式教学的主要环节：

①搭脚手架。以学习主题为中心，根据最近发展区进行概念框架的搭设。

②进入情境。引导学习者进入一定的问题情境。

③独立探索。为学习者选定合适内容，明确给出和所研究概念相关的种种属性，根据重要性对其进行排列，然后使学习者进行独立探索。独立探索之初，教师需进行适当的引导，再由学习者进行独立分析，同时教师也需要对学习者的独立探索进行及时和恰当的提示，引导学习者逐渐构建出体系化的、整体化的知识框架。

④协作学习。以小组的方式进行交流、讨论，使学习者对所研究的概念形成不同的理解，同时在交流中达成共识。学习者基于对小组思维成果的共享，针对所研究的概念形成较为全面和正确的理解，进而实现对知识理解的构建。

⑤效果评价。效果评价主要包括两个方面，分别是学习者的自我评价和小组对个体的评价。评价内容为学习者个体的自主学习能力、在小组中的贡献，以及有没有实现对知识的意义构建。

建构主义学习理论适合高级知识的学习，尤其适合前沿性知识、开放性知识、复杂性知识、结构不良知识的学习。建构主义在问题解决中以自主学习、合作学习为主要策略，强调对探究与创新能力的培养。

四、人本主义学习理论

人本主义学习理论是 20 世纪 50 年代末诞生的，建立在人本主义心理学的基础之上。人本主义学习理论代表人物有美国心理学家马斯洛（Maslow）和罗杰斯（Rogers）。

人本主义学习理论的基本观点：

①学习是人的自我实现，是丰满人性的形成。

人的成长，在人本主义心理学家看来，是因为个体自我实现的需要。这一需要展开来说就是人希望发挥自己的能力、实现自己的价值的欲望，即挖掘自身潜力的一种倾向。他们认为教育的基本目的在于激发学习者的学习动机、挖掘学习者的潜能，从而使学习者能自己教育自己，最终能够自我实现。

②在学习过程中，作为主体，学习者应当受到尊重，每个正常的学习者都具有自我教育的能力。

人本主义学习理论强调以学习者为中心，突出学习者的主体地位和作用。学习者是学习活动全过程的中心，教师应充分尊重学习者，并且认可每个学习者都是具有自身价值的一个独立个体。

③在有效学习中，一个不可忽视的条件就是人际关系，其能够在教学过程中营造出"接受"的氛围。

人本主义学习理论认为，行为主义将人类的学习混同于一般动物的学习，不能体现人类本身的特性。尽管认知心理学关注认知结构，但并不关注在学习过程中情感、态度和价值观的作用。人本主义学习理论主张，要对人的行为进行理解，就要对其知觉的世界形成理解，也就是在感知和认识事物时要立足于行为者视角。因而要对人的行为进行改变，就要先对其信念和知觉进行改变。人本主义学习理论特别关注学习者的知觉、情感、信念和意图，认为这些是导致人与人的差异的"内部行为"，因此他们强调要以学习者为中心来构建学习情境。

第四节 现代教育技术的方法论基础

一、视听教育理论

美国教育家戴尔于 1946 年出版《视听教学法》一书，该书对教学中如何使用视听教学手段和相应的教学效果等进行了研究，总结出一系列视听教学方法，形成了视听教学理论，并提出了"经验之塔"理论，概括了人们获取知识的种种途径和方法。

（一）戴尔的"经验之塔"

戴尔的"经验之塔"根据抽象程度将经验分为三大类十个层次（图 1–1）。

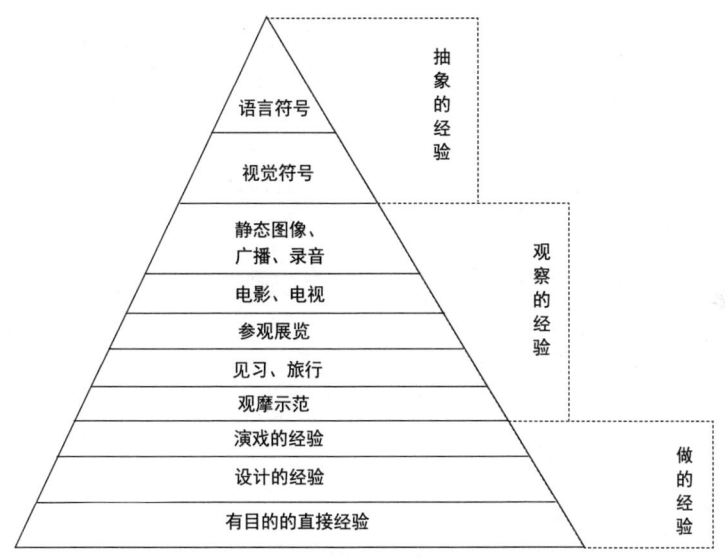

图 1–1 戴尔的"经验之塔"

1. 做的经验

（1）有目的的直接经验

这一经验位于"经验之塔"的最底层，是学习者通过对真实事物进行直接接触所形成的。直接接触包含看、听、尝、嗅、做等行为，由此形成的经验就是有目的的直接经验。

（2）设计的经验

设计的经验是通过学习模型、标本等间接材料形成的。这些间接材料是人们根据真实事物设计和仿造的，和真实事物有很大的不同。对于真实事物，一方面要保持其形态，另一方面要将其本质和主要方面凸显出来，方便人们理解。

（3）演戏的经验

演戏的经验是指学习者在接近真实情境的戏剧中扮演某个角色所形成的经验。参加演戏与看戏不同，演戏可以使学习者参与重复的经验，而看戏是获得观察的经验。

这几种层次都属于做的经验，需要学习者亲身实践，虽然设计的经验和演戏的经验体验的是仿造和抽象化的事物，但是其能够凸显真实事物的本质，能够促进教学目标的实现。

2. 观察的经验

（1）观摩示范

观摩示范通过将重要的事实、过程与观念用形象动作呈现出来，使学习者进行有目的的、准确的观察，从而获得一种观察经验。要使示范有效，学习者必须有高度的自觉性、积极性并富有想象地参与示范过程；在观察示范时，学习者要进行抽象化的思维活动，以促使其进行准确而有洞察力的观察。

（2）见习、旅行

见习、旅行的目的主要是观察在课堂上看不到的处于自然状态的事物。

（3）参观展览

展览可以将陈列的实物、模型、图表、照片等组合起来，说明某一事件的特定意义。展览主要供人们观看，参观者并不能操纵或触摸展品，而是通过观察这些陈列的材料获得观察的经验。

（4）电影、电视

通过看电影、电视，学习者得到的主要是间接的、替代的经验。但电影、电视有它们特殊优越的地方。通过看电影、电视，教师可以丰富自己的教学方式，激发学习者的学习兴趣。

（5）静态图像、广播、录音

静态图像、广播、录音等提供的信息，通常能为没有文字阅读能力的人所理解。这些视听手段可以为个人或小组所用，在班级教学中，常用的是幻灯机、投影器、放音设备和扩音系统等辅助手段。但静态图像、广播、录音等都不及前面讨论的视听经验直接。尽管有些静态图像可能使人觉得有强烈的动感，甚至似乎可以听到声音，但是照片终归不如有声电影、电视。同样，广播只能提供声音信息，在信息量方面远没有电影、电视丰富。

3. 抽象的经验

（1）视觉符号

视觉符号主要指图表、地图等，是表达一定含义的抽象符号。视觉符号比较抽象，如地图上的曲线代表河流，线条代表铁路等。视觉符号并不"再现"一个具体的经验，因此往往一个很简单的符号是很难被理解的，教师应力求做到使用的符号适合学习者的理解水平，通过实践，让学习者自己去制作图表，如统计图、地图等，培养和发展他们运用符号的能力。

（2）语言符号

语言符号是一种抽象化了的代表事物或观念的符号。抽象化就是指这种符号已经没有实在事物的形态，不再含有对意义的视觉暗示。虽然语言符号本身是抽象的，但在使用时，它们是与"经验之塔"中的其他材料一起发挥作用的。

（二）"经验之塔"的主要思想

① "经验之塔"的最底层的经验，是最直接、最具体的经验，越往上升，则越趋于抽象。但不是说获得任何经验都必须经过从底层到顶层的阶梯，也不是说下一层的经验比上一层的经验更有用。划分阶层是为了说明各个经验的具体或抽象的程度。戴尔认为，学习者只有积累了一些具体经验，并且能够理解真实事物的抽象表现形式后，才能有效地参加更加抽象的学习活动。

②教育应从具体的经验入手，逐步上升到抽象的经验。

③教育不能只满足于获得一些具体的经验，而必须向抽象的经验发展，使具体的经验普遍化，最后形成概念。

④在学校中，应用各种教育教学工具，可以使教育更为具体、直观，从而获得更好的抽象的经验。

⑤位于"经验之塔"中层的视听教具，相比于语言符号、视觉符号更能为学习者提供较具体的和易于理解的经验。它能冲破时空的限制，弥补学习者直接经验的不足。

二、传播与现代教育技术

（一）传播的概念

传播是指人类交换信息的一种过程。传播的根本目的是传递信息，是人与人之间、人与社会之间，通过有意义的符号进行信息传递、信息接收或信息反馈活动的总称。

（二）传播的分类

传播包括自然的传播、动物的传播、人的传播、机器的传播。依据角度、重点和形式的不同，人的传播的分类也不同，具有代表性的分类有二分法、四分法和五分法等。二分法认为传播分为亲身传播和大众传播；四分法认为传播可分为自我传播、人际传播、组织传播和大众传播；五分法认为传播可分为人际传播、群体传播、大众传播、组织传播和自我传播。

此外，人的传播又可分为两类：人的内在传播、人对人的传播。人对人的传播主要有四种类型：人际传播（个人与个人之间的传播）、组织传播、大众传播、教育传播等。当然，还有多种特殊领域的传播。在这里我们主要阐述人对人的传播。

1. 人际传播

人际传播又称亲身传播，是个人与个人之间的信息交流活动，是个体之间的相互沟通，是共享信息最基本的形式。

人际传播的形式，可以是面对面地直接传播，也可以是以媒体为中介的间接传播。面对面的传播，主要是以语言表达信息，或用表情、姿势来强化、补充、修正语言的不足。这种传播可以使传者与受者直接沟通，及时反馈信息，并共聚一堂产生亲切感，从而增强了传播的效果。个人与个人之间以媒体为中介的传播，使用的媒体主要有电话、电报、电视、书信、计算机网络等。

2. 组织传播

组织传播是组织与组织之间、组织内部成员之间的信息交流活动。

组织是一群相互关联的个体的组合。组织由个体组成，每一个人都属于一定的组织。一般来说，没有人能够离开组织而独立生活。社会是由各式各样的组织，如工厂、商店、学校、医院等构成的。传播是组织生存与发展的必不可少的条件，没有传播就没有组织。

3. 大众传播

大众传播是指一个群体通过广播、电视、报刊、书籍、网络等大众媒介向大众传递信息的过程。

在大众传播中，传播者不是个人，而是一定的组织机构，如报社、广播电台、电视台、网站等。传播的内容是经专门人员，如记者、编辑、软件制作人员等，根据预定的计划编写、设计、制作的。内容涉及的范围很广，有文史的、哲理的、艺术的、科技的、政治的、经济的、社会的等。运用的媒体有报纸、书刊、广播、电视、计算机网络等。受众是广大群众。

4. 教育传播

教育传播是人类传播活动的一种特殊表现形式。它继承了大众传播的共性，还有着自己的特性。教育传播是教育者与学习者之间的信息交流活动。它的目的是促进学习者的全面发展，培养社会所需的各种人才。

（三）教育传播的构成要素与教育传播学的研究内容

1. 教育传播的构成要素

教育传播是一个系统，任何系统都是由若干要素组成的，那么教育传播系统的要素是什么呢？不同的研究者有不同的认识，主要有以下几种观点。

二要素说。认为教育传播系统由教育者和受教育者构成。

三要素说。认为教育传播系统由教育者、受教育者和教材构成。

四要素说。认为教育传播系统由教育者、教育信息、教育媒体和受教育者构成。

五要素说。认为教育传播系统由教育者、教育信息、教育媒体、受教育者和教育效果构成。

六要素说。认为教育传播系统由教育者、教育信息、教育媒体、受教育者、教育效果和教育环境构成。

我们比较赞同四要素说，即教育者、教育信息、教育媒体和受教育者。在教育教学过程中，不同的情境中四要素的关系也是不同的，有可能是相互对抗的关系，也有可能是相互依存的关系。

2. 教育传播学的研究内容

教育传播学就是通过对教育传播现象和问题的研究，揭示教育传播规律的一门科学。它的对象是整个传播系统和教育信息传播活动的全过程。它的研究内容主要包括以下几方面。

①教育传播的基本理论研究，包括基本的概念、发展和研究对象等内容。

②教育传播过程和模式的研究，包括教育传播过程的分析及设计、教育传播的基本模式等的研究。

③教育传播内容和符号的研究，包括教育信息及其本质的研究、教育传播中符号的类型等的研究。

④教育传播媒体的研究，包括教育传播媒体的分类、特点和功能，教育传播媒体的应用等的研究。

⑤教育传播中传者与受者的研究，主要包括教育传播中教师与学生的研究。

⑥教育传播环境和效果的研究，主要包括教育传播环境的概念、优化、调控的研究，教育传播效果的优化、测量与评估等的研究。

传播理论对教育技术学的主要贡献是它对教育传播过程所涉及的要素、教学传播过程的基本阶段及教学传播规律进行了归纳。由于教学过程也是教学信息的传播过程，因此传播理论是教育技术学的重要理论基础。

第二章 信息化教学设计理论

本章主要介绍信息化教学设计理论，主要从四个方面进行阐述，分别是信息化教学设计概述、信息化教学设计的理论基础、信息化教学设计的资源与评价。

第一节 信息化教学设计概述

一、信息化教学模式的含义与特点

（一）信息化教学模式的含义

教学模式是指在一定的教育观念、教学理论和学习理论指导下的教学过程的稳定结构形式，是以现代科技为基础，以教师为主导，以学生为主体的学习方式。

信息化教学模式可以这样来形容：以学生为核心，在教师创设的学习环境中，学生将自己的主观能动性和积极性充分地发挥出来。在该模式中，学生是知识积极建构与运用的主体；在课堂教学中，教师应作为教学的指导者、组织者、帮助者；信息中所载的知识并非完全是由教师教授的，它是由学生积极地构建意义的客体；情境因素、合作因素和对话因素构成了学习环境。情境要有利于学生对所学内容的意义建构，协作贯串整个学习过程，学习小组的成员之间必须通过会话协商共同完成学习任务。教师和学生是互动关系，正所谓教学相长。信息化教学模式与传统教学模式的区别在于，传统教学模式是选择适合教育的学生，而信息化教学模式是选择适合学生的教育。

（二）信息化教学模式的特点

教学模式的改革和创新与教学设计是密不可分的，信息化教学模式必然要求有高质量的信息化教学设计与之相适应。那么，信息化教学模式下的教学设计具有什么特点呢？

1. 教学内容具有丰富性和整合性

借助网络技术，信息化教学打破了传统的教学人数及地域的限制，它不仅可以提供大量最新的知识和学习信息，还可以激发学生的学习兴趣，给学生提供一个信息资源丰富的学习环境。如果某个学生对某个知识点存在疑惑，那么他可以借助网络上丰富的资源，针对自己的薄弱环节，自主探索、寻求问题的解决方法。这种学习方法不仅改变了学生的学习态度，也改变了学生的学习方式。网络为教学提供了丰富的教学资源，这些教学资源有助于解决班级授课制中的分层次教学问题和个性化教学问题。网络资源运用于教学能允许一部分学生先行一步，使得学生因材施"学"成为可能，教学效率必将大幅度提高。

网络资源是丰富的，但并不是所有的资源都适合学生使用。学生可以根据兴趣爱好和具体需求，学习新技术和新知识，实现对知识信息的加工、组合和整理，以满足教育和技能发展的需要。

2. 教学过程具有开放性

首先，教学过程的开放性体现在教学时空的开放性。通过组织和实施信息化教学，学生可以充分利用信息资源，在课堂教学以外的时间学习到新知识，也可以自主选择学习内容的难度和自行掌握学习进度，还可以随时与教师、同学进行互动，能够更加主动地获取知识并对信息进行处理。其次，教学过程的开放性体现在教学方式的开放性。在教学过程中，信息化教学改变了教师讲、学生听的灌输式模式，形成了学生讨论、师生合作的教学方式，有利于获得集体性的学习成果。

3. 教学过程具有合作性

信息化教学突破了传统的教与学的封闭过程，强调了学生的个性化学习，以及教师与学生、学生与学生的协作。从教师间合作的角度来看，教师可以借助信息技术，更有效地构建起一种合作的关系。这样教师就可以实现经验、科研成果的共享，得到更广泛、更有力的教学支持。从教师与学生的互动角度来看，信息技术的应用使传统的教师与学生的互动关系发生了根本性的变化。在信息化教学模式中，教师是教学的组织者和指导者，学生是知识的建构者。从学生间协作的角度来看，信息技术的应用使得个体学习得以实现。学生能够独立地进行学习活动，能通过交流协商、集体参与等方式来实现合作学习。

4. 教学评价具有及时性

在教学中，比较多的是教师评价学生，而且这种评价偏向于对结果的评价，即属于终结性评价。这种评价在教学评价中起到了一定的作用，但它忽视了对教学过程的形成性评价。形成性评价是教学的重要组成部分和推动因素，其任务是对学生日常学习过程中的表现、所取得的成绩，以及所反映出来的情感、态度、策略等方面的发展做出评价。将形成性评价渗入课堂教学，能有效调节课堂气氛，调动学生的积极性，形成课堂教学的良性循环；能及时地发现教学中存在的问题，也能及时地反映学生的学习情况。形成性评价是提高学习效率的有效途径。

二、信息化教学的目标、层次与实施策略

信息化教学的目标是改变传统的教学结构，即改变以教师为中心的教学结构，倡导以学生为主体、以教师为主导相结合的教学结构。因此，在依赖信息技术进行教学的过程中，必须坚持以"学教并重"为教学理念，以先进的教育思想为指导方针，注重课程教学资源的开发和利用，尤其是要注重建构主义教学理论的学习与应用。建构主义学习理论强调，学生是认知的主体，是所学知识意义的积极建构者，教师应该在他们的知识意义建构中发挥引导作用。

（一）信息化教学的目标

1.培养学生掌握信息时代的学习方式

在信息化学习环境下，学习方式发生了重大变化。学生在课堂上的学习，不再仅依赖于教师的讲授，而是通过信息化平台和数字化资源来获取相关的知识。通过借助信息技术，教师与学生之间开展了合作学习，并通过对资源的收集和利用，以探究知识原理、发现知识背景、展示知识成果的方式进行学习。从某种意义上说，信息时代对学生掌握新的学习方式提出了更高的要求：①学会利用资源进行学习；②学会在数字化情境中进行自主发现的学习；③学会利用网络通信工具进行协商交流、合作讨论式的学习；④学会利用信息加工工具和创作平台进行实践创造的学习。

2.培养学生具有良好的信息素养

教育信息化使学生的学习方法发生了变化，但是，只有拥有了良好的信息素养，学生才能更好地与信息时代的学习方法相匹配，才能更好地理解信息所带来的知识，并将其内化到自己的知识结构之中。信息化教学则是提高学生综合素质的一种行之有效的方法。可以将信息素养分为三部分：①信息技术的应用技能；②对信息内容进行批判和理解的能力；③使用信息的能力，以及具有融入信息社会的态度和能力。

3.培养学生具有终身学习的态度和能力

在互联网的支撑下，共享教学资源可以让学生可以随时随地进行学习。同时，教育信息化也给了人们终身学习的机会。终身学习指的是，人们能够以社会生活和工作的需要为基础，确立持续学习的目标，自觉进行自我规划、自我管理和自主努力，用各种方式来达到自己的学习目的的过程。为了实现终身学习的目标，教育必然经历一场深刻的改革。信息技术教学使终身学习成为可能。信息化教学强调的是，要在教学中实现个性化、自主化、作业协同化，要以让学生学会学习为目的，使学生具备终身学习的态度和能力。

（二）信息化教学的层次

在信息化教学过程中，根据学生不同的参与程度对信息技术的特征和功能的不同要求，信息化教学可细化为三大阶段、五大层次。下面对每个层次的教学策略、学生的学习方式、教师的角色、学生的角色、教学评价方式及依据，以及信息技术在不同层次的作用进行比较。

1.阶段一：以知识为中心的信息化教学

目前，大多数教学都处于以知识为中心的信息化教学阶段，所有的教学活动都严格按照教学大纲的要求，以教科书为主要的教学资源，按照教科书的安排和课时的要求设计所有教学活动。以知识为中心的信息化教学主要表现在将信息技术作为学科教学的演示工具，这是信息化教学的最低层次，也是目前大多数基础教育停留的层次。将信息技术作为教学的演示工具主要体现在教师使用计算机辅助教学软件或多媒体素材库进行教学，如利用PPT课件授课，清楚讲解学科知识，或用图表、动画等展示动态的变化过程等，甚至在课堂知识点较多的情况下，信息技术的演示作用发挥得更加彻底，如通过快速地播放课件，力保在不超时或超时不多的情况下完成课程内容。这样的信息化教学方式，使得计算机取代了幻灯、粉笔和黑板等传统的教学设备，发挥了传统的教学设备所不能发挥的作用。然而，如果运用信息技术无法达到幻灯和录像的教学效果，或仅仅是替代了幻灯和录像等设备，就会沦为教学中的摆设，没有任何意义。这样的信息化教学方式虽然采用电子课件或其他的辅导软件，但是整个教学思想都是在以知识为中心的指导下展开的，教学目标、教学内容、教学形式及教学组织都与传统课堂教学没有不同之处，教学过程依然是以教师的讲授为主要内容，学生依然是被灌输的对象。在此基础上，通过引进信息技术来提升课堂效率的教学方法在培养学生思想和能力方面，相对于传统的教学方法没有什么实质性的进展。在这个教学层次中，使用信息技术的角色是老师，而不是学生。学生只是处于听和看的状态，没有进行实际操作的机会，所以仍然是一种被动型的学习。

2. 阶段二：以资源为中心的信息化教学

在以资源为中心的信息化教学阶段，教学观念、教学设计的指导思想、教师与学生的角色等均发生了较大的变化。教学设计从以知识为中心转变为以资源为中心、以学为中心，教师日益重视学生对所学知识的意义建构。信息技术的使用为教学提供了广泛的资源，也为课堂的交流、反馈提供了平台。学生真正成为学习的主体，教师成为学生学习的指导者、活动的设计者。此阶段的信息化教学可分为两个层次，分别是信息技术提供资源环境和信息技术促进交流评价与教学反馈。

（1）信息技术提供资源环境

随着网络技术的飞速发展，学生可利用的有效资源不仅仅来自教师和教科书，更多来自互联网。但是，在海量的网络资源面前，怎样才能快速、准确地找到自己需要的资源，快速地判断出资源的价值，并对其进行取舍，更好地将资源重新整合起来，使之为自己所用，这些都会影响到学生实现教学目标的质量。

在这个维度上，重点对学生获取信息、分析信息的能力进行训练，使学生通过对海量信息的筛选，拥有对不同事物不同方面的认识。在上课之前，教师可以把需要的资料整理出来，用文件的方式发送到每位同学手中，也可以用文件夹共享、文件传输协议（FTP）服务器等方式，让学生获取需要的资料。

利用信息技术来提供资源环境，就是要打破书籍作为知识来源的桎梏，利用各种资源对封闭的、孤立的课堂教学进行充实，从而大幅度地扩大教学的知识量，让学生不再局限于对课本知识的学习，也可以拓展他们的思维，开阔他们的眼界。这一教学维度为后续教学奠定了基础。

（2）信息技术促进交流评价与教学反馈

借助信息技术，提供课堂交流和反馈的平台，主要目的在于通过信息的交流与反馈，着重对学生信息的加工能力、思维的流畅表达能力和信息的评价能力进行培养，强调学生在快速提取信息的过程中对信息进行加工与处理、评价和表达的能力。这一维度并不是独立的，而是依赖于信息技术的资源环境。因为没有可发掘的资源，信息的获得就无从谈起，评估与反馈就更无从谈起。在这一维度上，可以使用任务式教学策略，尤其适合课堂大讨论、作品评价等方式。例如，在作品评价中，让学生将自制的作品上传到课程网站，然后邀请每名学生点击进入，评价学生的作品。

在教学中，教师要关注学生的信息处理过程，对处理过程中出现的问题进行指导解决，保证信息交换和反馈的顺利进行。

3.阶段三：全方位的信息化教学

以知识和资源为中心的信息化教学在国内较大范围得到了推广和使用，也是非常成功的。但在教学内容、教学目标、教学策略等方面，不但没有实现整体变革，也没有实现教学的信息化。随着教育理论与学习理论的不断发展，信息技术在教学中的应用被更加系统、更加科学地讨论，必将促使出现教育的巨大变革，促使教学内容、教学目标、教学组织架构的革新，使信息技术与教学的各个方面都能完美结合，最终实现教学整体信息化的更高目标。

（1）教学内容改革

目前的教学内容总体上表现出以下几个方面的变化：课本的难度加大、知识的抽象程度加大、基础理论性增强、知识的内在关联性增强。随着信息技术的不断深入，传统的课程体系已面临巨大的挑战。

根据课程改革的精神以及信息化教学的要求，在课程设计上应该重视学科结构的合理性，教学内容上注重掌握一般的基本原理，要着眼于能力，特别是思维能力、创造力的培养，而不是现成知识的传授和一般技术的学习。首先，在教学内容设计上，要拓宽基础知识，而且教学内容要与生产实践相结合，降低学科知识的抽象性，着眼于培养学生解决真实问题的能力。其次，教学内容的表现形式也会发生很大变化，将由原来的纸质教材发展到光盘与教材结合，现有教材和电子书的文本性、线性结构形式变为多媒体、超链接结构形式。

教学内容的改革，强调知识的内在联系，学科知识与真实世界相关的内容变得越来越重要，而那些大量脱离实际的抽象知识、简单知识等内容则成为一种冗余和障碍。

（2）教学目标改革

一系列教学内容的改革将会对现行以知识为中心的教学目标造成很大的冲击，新课程的改革要求教学目标应围绕核心素养体现课程性质，反映课程理念。核心素养包含三个方面：正确价值观、必备品格和关键能力。教学目标显示，学科能力不再是教学目标的唯一主体，正确价值观和必备品格也将与学科能力并重，成为教学目标设计的主体。在进行教学目标设计时，应重点培养学生的以下能力：①信息处理能力，包括信息的获取、组织、操作和评价能力；②问题解决能力；③批判性思维能力；④与他人合作的能力；⑤学习能力。虽然在现阶段已经在某种程度上强调了上述教学目的，但是从当前的教学情况来看，教学目标还需要不断地改革。随着信息化在教学中的深入发展与应用，教学目标的改革将会越来越彻底。

（3）教学组织架构改革

教学组织架构能否彻底改革，关系信息化教学改革的成败。在教学中，重点是真实问题和真实问题的解决能力。在这种情况下，就需要教学突破时间和空间的约束，让学生不再仅仅是坐在教室中听一节课，而是以项目或问题为单元，利用协作学习、小组合作学习等手段，对学习的时间、空间和方法进行重新设计和规划。

我国的教学基本受到了课时的制约。现在有很多教师和教育科研人员已经开始了对信息技术与课程的整合、探索，他们在自己的工作岗位上，积累了许多宝贵的经验和财富。然而，信息技术与课程整合是一个漫长的、历尽艰辛的过程，需要所有教育工作人员的不懈努力。

（三）信息化教学的实施策略

1.创设情境，情感驱动策略

学习始终与特定的社会和文化背景紧密相连。在信息化教学中，并不是单纯地把科技运用到教学中去，而是要运用多媒体技术来营造一个数字化的学习环境，营造一个有积极学习氛围的学习环境，把教学任务情境化，让学生处于一个提出问题、思考问题和解决问题的动态过程之中。情境的创设也是一种情绪的驱使。兴趣是最好的导师，是一种源自内心的驱使。所以，情境创设不仅可以为学生提供一个数字化的学习环境，还可以起到情感驱动的作用，让学生能够积极主动地参与到新知识的学习中，激发他们自主探索的热情。

2.选准知识点切入策略

并不是说，在信息化教学中，所有的内容都可以通过信息技术来进行展现。在运用信息技术的过程中，要从课程内容、目的、资源等方面来展开，关键是要找到将学科知识与信息技术相结合的切入点。选择正确的知识点，围绕知识的揭示、阐述、展开、归纳、总结等环节，将信息技术有效地切入学科知识点中，充分发挥信息技术的优势，展现出丰富的教学内容，旨在更好地实施教学，调动学生学习的积极性。

3. 以思维训练为核心策略

思维训练是教育的中心环节。利用信息技术提供的学习资源，借助适当的教学组织形式（如基于问题的学习、基于项目的学习等）来进行教学，这样可以最大限度地激发学生思考的热情，有利于培养学生的思维品质、创造性思维，增强学生的创新意识和创新能力。例如，在数学基本算法学习上，可以通过 Qbasic（Qbasic 语言是微软公司开发的，MS-DOS 5.0 自带的一种计算机程序设计语言）软件，为学生提供动手操作、自主探究问题的机会，进一步帮助学生理解基本算法的思想，从而有效地锻炼学生的思维。

4. 个别化自主学习和协作学习统一策略

信息化教学为学生的自主学习、协作学习提供了一个良好的环境。教学实践证明，在信息化教学中，要取得良好的教学效果，就应当把个别化自主学习和协作学习结合起来。例如，在学习现代诗歌《再别康桥》时，教师可以给予学生时间，首先创设一个良好的教学环境，让学生带着教师事先预设的问题自主学习；当每个学生都对问题有了自己的看法之后，再鼓励学生与学生之间进行协作学习。将自主学习和协作学习结合使用，既可以帮助学生自主学习，也有利于协作学习的开展。

教师依据教学目标，对所学教材进行分析，将学生的观点作为依据，来确定教学内容的展示方式；而后，可以利用任务驱动的方式，让每个学生或每组学生运用一定的方法，完成有关任务。学生接受作业后，可以根据教师提供的资料，在网上进行二次搜集、整理。这个过程中，可以与任务的复杂程度相对应，展开个性化的自主学习和协作学习。这种个性化的学习与协作学习统一的策略，不仅可以提高学生分析信息、加工信息的能力，而且对于学生发挥学习的主动性有很大帮助，也有利于团队合作精神的培养。

5. 实践感知策略

一些学科课程的内容，因为受到了教学设施、教学器具和教学手段等各种条件的制约，所以不能让学生身临其境地去理解学科知识的本质。但是，可以利用信息技术的优势，为学生打造一个虚拟的学习环境，为他们提供丰富的教学资源，让他们学会在学习环境中积极主动地构建自己的学习体系。利用仿真技术制作的模拟课件，可以为学生营造出一种多种感官参与的学习氛围，让学生在多种感官的分工合作中，感知事物、探究实质、掌握原理，最后完成知识的建构。

三、信息时代教学变革的发展

新一轮基础教育课程改革以促进学生的发展为根本目的，以转变学生的学习方式为突破口，提倡自主、合作与探究的学习方法，可以使学生的主体性得到最大限度的发挥，对其收集和处理信息的能力、获取新知识的能力、分析和解决问题的能力、交流和合作的能力进行全面培养。新一轮的课程改革将重点放在如何培养学生保持积极主动的学习态度上，将他们的学习兴趣放在第一位，提倡学生在学习过程中主动参与，对他们的创新精神和实践能力进行重点培养。

（一）基础教育课程改革的背景

基础教育包括学前教育、小学教育、初中教育和高中教育，是我国教育改革与发展的重要组成部分。我国历来重视基础教育的改革与发展。中华人民共和国成立以来，我国先后进行了八次课程改革，其中第八次课程改革启动于 1999 年。第八次课程改革较以往七次课程改革有较大的不同。第八次课程改革建立在历时一年多的广泛调研基础上，分析比较了国内外基础教育的现状，肯定了我国已取得的成绩，但也指出了一些不足。

在以往的课程改革中，我国基础教育课程的主要优势体现在知识、技能、解题能力以及勤奋刻苦等方面，但忽视了对学生的实践能力、创造能力、情感价值观等的培养。于是，新课程改革提倡素质教育，突出对学生创新精神、实践能力等的培养。第八次课程改革启动于世纪之交，那么，究竟是什么推动着基础教育课程改革的发展呢？

1.传统课程目标设计的缺失：课程目标转型的必然性

多年来，我国基础教育教学方式一直沿用苏联教育学家凯洛夫（Kairov）的五段教学（激发动机—复习旧课—讲授新课—运用巩固—检查效果）模式，这种教学模式是把知识传授和技能训练这类认识性任务看作课堂教学的中心或目的，采取"填鸭式"的教学方式，将教材中的知识点讲"深"、讲"透"，期望学生记住知识并按教案设想回答问题和做对练习，其结果是在教师"完成任务"的同时让学生背上沉重的记忆包袱。这种教学方式有以下不足。

一是过分注重知识与技能的目标培养，忽视了学生的社会性和创造性。

二是课程内容"难、繁、偏、旧"，并且过于注重书本知识，脱离了学生经验。

三是过于强调学科本位、不同学科的独立性，科目过多，忽视了科学、艺术和道德之间的联系，忽视了学科之间的整合性和关联性。

四是学生的主体地位没能充分体现出来，自主学习、探究学习、协作学习等学习方式较少。

在这种教学形式中，教师的主体作用和地位得到了充分的体现，它对教师组织课堂教学、管理课堂纪律以及调控课堂节奏起到了很大的帮助作用，但是忽略了学生在教学过程中的自主能动性，这使得在学习过程中，作为主体的学生更多的是处于被动状态，缺失了对情感态度与价值观等的培养。

第三次全国教育工作会议指出，以提高国民素质为根本宗旨，以培养学生的创新精神和实践能力为重点。所以，要真正将党的教育方针全面贯彻下去，全面推进素质教育，将教育教学的目标和要求集中体现出来，制约学生的学习活动、制约学生对学习内容的体验、制约学生发展方向的课程目标必须实现转型，这是时代的客观要求。只有这样，我们才能在新一轮的基础教育课程改革中取得理想的效果。

2. 人的积极主动发展：时代发展的客观要求

一是在新经济条件下，人力资源开发面临着新的挑战。新经济是以知识的生产、加工、传播和应用为基础，以现代科学技术为中心的一种经济。一方面，科技进步带来的是一种新的产业结构、新的就业结构，这种新的发展对科技和文化素质提出了更高的要求；另一方面，在新经济时代中，人类的知识、智力、能力以及管理战略是其发展的主要驱动力，这就对知识和信息的获取能力、变革和创新能力以及对迅速变化的社会的适应能力提出了更高的要求。

二是人自身发展完善的需要。在倡导以人为本的今天，人自身的发展越来越受到重视。在信息化时代，人的发展不仅是社会发展的一种方式，也是社会所保障的每一个人的基本权利；不仅是人类社会发展的必然要求，也是人类自我发展的必然要求。

3. 终身教育的发展：国际教育改革的共同目标

由于教育在推动社会发展的过程中扮演着日益重要的角色，因此教育在每个人生活中的地位也在不断上升。从当今世界的发展趋势来看，教会学生做到自主学习是每个国家所追求的共同目的。终身教育并非一种遥不可及的理念，它是在复杂的教育大背景下逐渐发展起来的。社会、经济、科技不断进步，对人才也提出了更高的要求。在课程目标中，除了重视获取知识外，还应对学生态度的形成、品德的提高、情感的培养等方面给予足够的重视。此外，科学技术的进步以及追求更大的竞争引起的生产流程变化，使得在基础教育阶段所学到的知识和技能不能适应时代的发展，这就需要开展职业持续培训，以应对知识更新的挑战。既然学习是一件贯串一个人一生的事情，那么通过开展基础教育，提高学生的综合素质，培养他们健全的人格就尤为重要。更为重要的是，要让学生愿意学习，不仅要学会学习，还要拥有合理的学习方法和正确的学习态度，从而积极主动地进行学习。要想为学生的持续学习提供源源不断的动力，基础教育的课程目标就必须以学生的积极主动学习和终身学习为导向，着眼于培养学生的现代生活意识以及决策、应变等方面的素质，以满足未来社会生活的需要。

国际 21 世纪教育委员会向联合国教科文组织提交的报告《教育——财富蕴藏其中》指出，在 21 世纪，为了与其整个使命相适应，教育应围绕四种基本学习加以安排，这四种学习将是每个人一生中的知识支柱。这四种学习即学会求知、学会做事、学会共同生活、学会生存。

教育的四个知识支柱不能只涉及生命的某个阶段或单独某一处。对教育的各个阶段和领域应重新思考，使其相互补充、相互渗透，从而使每个人在一生中能够充分利用范围不断扩大的教育环境。教育应该成为受教育者个人和社会成员在认识和实践方面的一种全面的、持续不断的经历。

（二）信息技术的迅速发展

1946 年，美国生产了第一台全自动电子数字多用途计算机"埃尼阿克"（Electronic Numerical Integrator and Computer，ENIAC）。ENIAC 占地 170 平方米，重约 30 吨，是名副其实的"庞然大物"。ENIAC 的问世具有划时代的意义，它的诞生表明计算机时代的到来——在以后的几十年里，计算机技术发展异常迅速。有专家认为，在人类科技史上还没有一种学科的发展速度可以与电子计算机的发展速度相提并论。

信息技术的发展引起了人类社会全面而深刻的变革，促进了社会的进步，使人类社会由工业社会迈向信息社会。在信息社会，几千年来形成的信息传递方式、人际沟通方式和社会管理组织方式等诸多方面都发生了极大的变化，社会经济生活的运行和民主政治建设的发展也受到了深刻的影响。信息资源已经成为与物质资源同等重要的资源。信息传播速度快、传播范围广，这使得世界成为一个无边界的信息空间。伴随着知识创新的持续推进，物质生产与知识生产、硬件制造与软件制造、传统经济与信息网络技术之间互相融合在一起，共同构成了 21 世纪经济和社会发展的强大动力。

21 世纪是信息化的世纪，信息是政治、经济、文化、意识形态、价值观的载体。

在信息时代，信息已成为重要的战略资源，信息产业成为国家的支柱产业，信息安全成为十分重要的安全因素，信息网络成为国家重要的战略基础设施。

四、信息技术在教学设计中的作用

（一）可作为学习对象

信息技术作为学习对象包括了三个方面的含义：①学习信息技术科学知识。像语文、数学一样，信息技术科学也凝聚了人类的智慧，学生应该学习信息技术科学知识，了解计算机的基本工作原理、构成、历史以及未来发展趋势等。②学习信息技术基本技能。信息技术在社会中具有广泛的用途，作为未来社会的公民，学生应当掌握信息技术的基本操作技能，如启动和关闭计算机，使用键盘和鼠标，掌握信息的检索方式和策略等。信息技术基本操作技能的学习，也是学校信息技术课程教学的重点。③学习信息技术对社会的作用和影响。信息技术对社会产生了重大影响，学生应当了解信息技术给社会各领域带来的变化及问题，了解信息技术带来的积极和消极影响，知道信息技术能做什么、不能做什么。

（二）可发挥课堂教学演示的作用

这是信息技术用于学科教学的最初表现形式，是信息技术和课程整合的最低层次，目前大多数基础教育和高等教育都采用这种方式。[①]

教师可以使用现成的计算机辅助教学软件或多媒体素材库，选择其中合适的部分用在课堂教学中。例如，利用PPT或者一些多媒体制作工具，综合利用各种教学素材，编写多媒体课件，并用于课堂教学中。采用多媒体课件进行教学有助于增加课堂的信息量，帮助学生理解和掌握教学重难点，也有助于课堂教学的开展。另外，教师也可以利用模拟软件或计算机外接传感器来演示某些危险性实验的实验现象。这样，通过合理的设计与选择，计算机代替了幻灯、投影、粉笔、黑板等传统媒体，实现了传统媒体无法实现的教育功能。

（三）可创设学习环境，激发兴趣，发挥学生的主体性

多媒体计算机将文字、数据、图形、图像、声音、动画等信息有机地结合、交互地传递，通过视觉、听觉等方式促使学生的大脑处于兴奋状态，有利于激发学生的兴趣，激活学生的思维，提高课堂教学效率。要积极发挥信息技术的交互

---

① 余胜泉，吴娟.信息技术与课程整合：网络时代的教学模式与方法［M］.上海：上海教育出版社，2005.

性，它能有效地激发学生的学习兴趣，使学生产生强烈的学习欲望，从而形成学习动机。

在传统的教学过程中，教学内容、教学方法、教学步骤、师生之间的双边教学活动等都是教师事先设计的，其预设远远大于生成。为了更好地完成教学任务，教师在授课的时候按照设计好的教学步骤紧凑地进行教学，而在这个过程中，大多情况下学生只能被动地参与课堂学习。但在信息技术的支持下，学生在教师的指导下，可以利用网络进一步主动学习并获取相关的内容。也就是说，学生在信息技术学习环境下，有了主动参与的可能，不再处于被动的状态。在教学过程中，学生才是学习的主体，必须发挥学生的主动性、积极性，如此才能获得有效的认知，而信息技术的支持为学生主动性、积极性的发挥创造了良好条件，从而使学生真正发挥学习的主体作用。

（四）可为学科学习提供广阔的资源环境

信息技术环境下的信息资源永远是开放的，这也是网络最大的特点。利用信息技术提供资源环境就是要突破以书本为知识主要来源的限制。借助信息技术，教师可以丰富备课资源，学生也可以亲自动手查找更多相关学科的资源，这些资源丰富了封闭的、孤立的课堂教学，极大地扩充了教学知识量，使学生不再局限于教科书的内容，而是能开阔思路，了解到更多课本外的知识。在丰富的资源环境下，教师可以培养学生获取信息、分析信息的能力，让学生在对大量信息进行筛选的过程中，实现对事物的多层面了解。

（五）可促进教与学方式的改变

网络具有开放性、交互性、平等性等特点，学生根据自己的知识能力和认知水平，在网络环境下实现了真正意义上的自主学习、协作学习和探究学习。网络打破了学生原有的学习模式，为学生创新思维的发挥提供了广阔的空间，学生在教师的启发和引导下进行自主学习、协作学习或探究学习。同时，教师还可以借助信息技术，为学生提供个别辅导。无论学生的学习方式还是教师的教学方式，均有别于传统教学方式。

这些信息技术支持下的新教学方法有利于发挥学生的主体性、教师的主导性，也有利于激发学生的学习兴趣，提高学生的信息组织、管理、分析能力，培养学生的合作精神，促进学生思维认知能力的发展，提高学生的信息素质和实践能力。总之，信息技术运用于课堂，对教与学的方式起到了极大的促进作用。

（六）可作为教学反馈、交流评价的工具

信息技术作为教学反馈、交流评价的工具，是指将信息技术以辅助教学的方式引入教学，主要起到师生之间情感、教学等交流与反馈的作用。例如，在互联网或局域网条件的支持下，采用聊天工具等可以实现教师与学生之间的交流与反馈。

师生之间的教学反馈是教学的重要环节之一，也是决定教学成败的重要因素之一。如果能将信息技术引入教学，在课上或课下为学生和教师、学生和学生之间创设一定的交流机会，即使不直接改变教学策略和教学方法，也必然能促进师生间的感情，提高学生的学习兴趣和积极性。

借助信息技术，学生在学习过程中有机会对课程的形式、教学过程的优缺点、无法解决的问题等进行充分的交流，同时教师可以及时获取来自学生的真实数据，有利于进一步优化课堂教学。

第二节　信息化教学设计的理论基础

一、协作学习理论

协作学习是一种以小组为单位组织进行的教学活动。协作学习是指学生以小组形式参与，为达到共同的学习目标，在一定的激励机制下，使个人和他人习得成果最大化而进行合作互助的一切相关行为。小组合作是达到课堂教学目的的一个重要环节。在小组合作活动中，个人（学生）能够将自己在学习过程中发现的信息以及获得的学习资料，与小组中的其他成员进行分享，甚至还能与其他组或全班同学进行分享。在这个过程中，学生可以通过对话、商讨、争论等形式，对问题展开充分论证，从而找到达成学习目标的最佳途径。协作学习可以促进学生个性思维的发展，提高学生自主交流的能力，也可以包容不同学生之间存在的差异。除此之外，协作学习在提升学生的学习成绩，培养学生的批判性思维与创新性思维，培养乐观的态度，提升学生的沟通能力等方面都有显著的积极影响。

（一）理论源起与发展历程

在东方，早在两千年前，我国古典教育名著《礼记》中就有"独学而无友，则孤陋而寡闻"的记载，倡导学生在学习过程中要互相切磋，彼此交流学习经验，以提高学习效率。在西方，对协作学习的研究和实践也有着久远的历史渊源。早

在几千年前，犹太法典就说道：要想理解犹太法典，人就必须有一个学习的同伴。早在公元1世纪，古罗马昆体良学派就指出，学生能从互教互学中受益。17世纪捷克教育学家夸美纽斯（Comenius）在其《大教学论》中从理论上论述了班级授课制。其中指出，在可能的范围内，一切儿童应在一起受教育，以便他们互相督促和鼓励。为了保证班级授课制的实施，他主张把一个班级的学生分成几组，每组十人，挑选有能力的学生做组长。19世纪早期，曾在英国广泛流传的贝尔—兰卡斯特导生制可以说是协作学习的雏形。

1. 协作学习的兴起

20世纪70年代中期至80年代中期，是小组协作学习的兴起阶段。20世纪60年代末70年代初，美国社会反种族歧视运动的计划以及提高教育质量的迫切需求，使得协作学习作为一种专门的教学组织形式被提出，并开始得到系统化的研究。在当时已有的几种课堂组织结构革新基础上，协作学习的研究迅速兴起，并在20世纪70年代至80年代中期取得了实质性进展。研究者进行了各种实验研究，提出了多种行之有效的具体策略，如"学习小组成绩分工法""小组游戏—竞赛法""切块拼接法""小组调查法""共学式"等。随着研究的不断深入，小组协作学习逐步形成了一种颇具成效的教学流派。

2. 协作学习的研究日趋成熟

20世纪80年代中期至今，是协作学习研究日趋成熟的阶段。这一阶段的协作学习，一方面自身不断趋于成熟，如由传统条件下的协作学习发展到基于计算机网络环境的协作学习；另一方面，它与其他相关的教学理论之间出现了融合的趋势。

协作学习在高校应用十分广泛，是因为它能够活跃课堂气氛，大幅度提高学生的学业成绩，促进学生形成良好的能力。协作学习的广泛使用符合课程改革的需要。

协作学习在美国的几十年实践中取得了较好的实际效果，很快引起了世界各国的关注，并成为当代主流教学理论与策略之一。之后，西方研究合作学习的人越来越多，不同的研究者从不同的角度各有侧重地进行研究。无论是协作学习的理论研究还是实践经验的研究，美国都为我国的协作学习研究与实验提供了启示和借鉴。直到20世纪80年代，协作学习才作为一种新型的学习方式传播到我国，并于20世纪90年代在我国的少部分学校中得到试验，而真正在我国引起重视还是21世纪初国家基础教育课程改革启动之后。本次改革促使国内越来越多的教育人士关注协作学习，高校的教师和学生都对协作学习有了比较准确的认识，课堂中越来越多的师生从中受益。

3.计算机支持协作学习的发展

早期的协作学习在传统教学条件下进行，协作范围极其有限。20世纪90年代以来，随着互联网的广泛应用、各种局域网的建立及网络技术的发展，协作学习产生了根本性的变革，计算机支持的协作学习（Computer Supported Collaborative Learning，CSCL）很快就成了协作学习的主导形式。计算机支持的协作学习是指利用互联网络，通过小组或团队的形式组织学生学习的一种策略。计算机支持的协作学习的引入使用，使学生不再受时间与空间的限制，不仅可以通过论坛、聊天室等进行即时在线交流、分享各种学习资源、交流学习心得，而且可以通过互动游戏形式参与，在互动中实现相关学科知识的学习。计算机支持的协作学习是通过网络创设一种情境，使学习小组的成员在一起，运用对话、商讨、竞争、合作等手段交流信息，对相关问题进行充分研讨、论证来获得最佳学习效果的一种学习方式。目前，计算机支持的协作学习已成为计算机教育应用领域的研究热点。计算机支持的协作学习教学具有以下优势。

一是利用网络媒体本身具有的优势，学生可以更加灵活地进行分组，同时小组活动也不会受到空间和时间的约束，这样能够实现更广泛、更高质量的协作式学习，帮助学生更好地应用信息，使学习效率最大化。

二是计算机网络能够提高学生的信息处理能力、学习能力、社交能力，帮助学生适应课堂之外的自主学习和远程学习，帮助他们养成终身学习的习惯，从而更好地适应当代社会的发展。

三是能使学生的主体性和教师的主导性得到充分发挥。在基于计算机网络的协作学习中，教师通常会扮演学习向导的角色，来拨正学生学习探究的方向，而学生能够充分地进行自主学习，他们的学习态度是能动的，能充分体现出学生学习的主体作用。

（二）理论要点概述

1.协作学习的基本要素

协作学习被广泛运用于传统课堂教学和信息化教学中。协作学习模式指的是利用协作学习的组织形式，来帮助学生更好地了解和掌握知识。一般情况下，它包括四个基本元素，分别是协作小组、成员、辅导教师和协作学习环境。

（1）协作小组

协作小组是协作学习中基本的组织单位。在通过协作小组的学习方式来展开教学时，不同的分组方法对学习结果有直接的影响。所以，开展协作学习时，首先要以具体的国情、教情、学情为依据，采用合适的分组方式，如自由式分组、随机抽签分组以及意愿调配式分组等，但一般来说，每个小组的参与成员不能过多，2～5人就可以了。

（2）成员

成员指的是根据某种策略分配到各个小组的学生。在进行人员分配时，要综合考虑学习成绩、知识结构以及认知能力等多种因素，因此，在协作学习中，往往将个人能力可以互补的学生分配到一个小组。例如，将学习成绩处于不同水平的学生分配到一个小组，可以有效地转换"后进生"；将具有不同认知方式的学生进行组合，可以充分利用不同认知类型的学生各自的优点，使他们之间的认知风格相互增强。当然，随着计算机支持的协作学习的广泛应用，协作学习的成员不限于学生，也可能是由计算机扮演的学习伙伴。小组成员的组成对于协作小组的作用极大，良好结构的组内成员，有利于协作学习小组按质完成协作成果。但是，由于成员安排的不合理，往往会出现少部分不出力而依靠他人工作的"免费乘车者"，为了减少或杜绝这种现象，小组成员的调配显得更加重要。

（3）辅导教师

在协作学习的过程中，辅导教师的存在是十分有必要的，因为辅导教师可以组织学习小组展开高效学习，调控学习进度。协作学习对辅导教师的要求越来越高，这就需要辅导教师自身实现从"教"向"学"的转变。此外，也要将"教"与"学"进行高度结合，以达到协作学习的最佳状态。

（4）协作学习环境

组织环境、空间环境、硬件环境以及资源环境是进行协作学习的基本条件。组织环境是指在协作小组尚未成型之前每个小组成员的组织结构，其中协作小组的划分标准、组内成员的职能配置等都是组织环境中的重要内容；空间环境是指协作学习的环境，包括但不限于教学课堂、网络环境等；硬件环境是指实现协作学习所需的硬件条件，如网络环境；资源环境是指协作学习所利用的资源，包括但不限于各类线上的学习资源。

2. 协作学习的基本模式

协作学习的基本模式主要有七种，分别是竞争、辩论、合作、伙伴、问题解决、设计和角色扮演。

（1）竞争

竞争是指在有辅导教师的情况下，由两个以上的学生共同参与的学习过程。辅导教师以学习目标和学习内容为依据，将学习任务进行分解，让参与协作学习的学生独立以最快的速度完成。在此之后，辅导教师会在课堂上对学生的作业成绩进行评估，学生也会在课堂上提出自己的看法和建议。通常来讲，当所有参与协作学习的成员完成各自承担的学习任务时，总的学习任务也就随之完成。应当注意的是，竞争模式对调动学生的积极性和主动性是有益的，但是也容易出现由竞争而导致的进度不协调和部分学生合作困难的问题。为此，要使学生清楚地认识到个人任务和总体任务所对应的内容，也就是使学生知道在竞争和协作中要完成的任务。另外应当强调的是，竞争所存在的形式应当不受限制，既可以在组内展开竞争，又可以在不同协作小组之间展开。竞争模式的教学在培养学生学习自主性的同时，提升学生之间的合作意识。

（2）辩论

参与协作学习的学生首先要明确自己的观点。在特定的时间段里，通过书籍、网络等途径找到明确有力的事实论据来支持自己的观点，之后由辅导教师针对学生给出的观点和对应的事实论据进行分配，确定正方和反方。此后双方根据自己的观点和主题展开争论。在辩论中，可以由一方先提出自己的看法，再由另一方加以反驳。最终，由中立的一方来评判，哪一方的论据最充分，哪一方就得以胜出。也可以不确定正方或反方，而由不同的小组或成员对自己的观点进行陈述，之后彼此辩论，最终说服各方的小组或成员获胜。辩论模式可以在群体内部或群体之间进行应用。在教学实践中，辩论模式对培养学生的批判性思维、提高语言表达能力具有重要意义。

（3）合作

多个协作伙伴一起完成特定的学习任务时，协作伙伴之间可以相互配合、互相促进，也可以按照各自对应的学习任务展开分工合作。由于不同的协作成员对各自学习任务的认知和看法不尽相同，因此在一定程度上来说，协作伙伴对任务的认识和看法可以相互补充，从而促进总体任务的顺利完成。这种教学模式有利于提高学生之间的合作意识。

（4）伙伴

伙伴是一种微型化的合作或者一种特种化的合作，是指协作者之间为完成某项学习任务而结成的伙伴关系。协作伙伴可以就共同关注的问题进行讨论，互相获取解决问题的灵感。协作伙伴之间通常可以和谐相处，但也有可能就某一问题发生争执，随后在争执中取得一致意见，推动问题的解决。在选择协作伙伴时不应当受到传统观念的限制，应当根据实际情况进行判断，如学生、计算机等主体均可以充当学习伙伴。由计算机充当的学习伙伴，需要人工智能的支持，也就是根据一定的策略，由计算机模拟的学习伙伴对学生的学习状态展开判断，对学生提出问题或为问题提供解决方案。当然，计算机充当的学习伙伴对于协作者的学习能力提出了更高的要求。一方面，协作者必须熟悉人工智能领域的知识与应用；另一方面，协作者必须具备较高的信息素养，学会并掌握需要什么信息、如何获取信息、如何加工处理信息等。

（5）问题解决

在实际应用问题解决这一学习模式时，要求首先确定特定的学习问题。注意，可以确定的学习问题类型众多，出处不限，但通常是以学生学习的题目或者学习兴趣为依据来确定的。在选择解决问题的方法时，可选的方法包括但不限于竞争、合作、争论。在解决问题的过程中，协作伙伴需要借助书本和网络等资源，为解决问题提供素材。问题解决后的成果，可以有报告、演示、论文等多种形式。问题解决是协作学习中的一种全面的学习模式，对学生认知水平的提高和解决问题能力的培养有着突出效果。

（6）设计

设计是以学生的全面发展为基础，以教学过程为导向的一种应用于协作学习的教学模式。在这一教学模式中，提倡以辅导教师为中心，以学生的知识应用为重点，如以知识应用为基础的创新设计。学生通过交流自己所掌握的知识，以达成解决题目的最终目的。这要求教师能够及时发现并总结出学生群体之间出现的新思想、新思路，从而提升全体学生对知识的综合应用能力。

（7）角色扮演

角色扮演是让不同的学生分别扮演辅导教师和学生的角色，在学生回答完问题之后，再由扮演教师的学生对回答做出判断分析。在结束角色扮演之后，对于有疑问的学生，辅导教师应给予解答。另外，在教学过程中，学生扮演的角色可以互换。在这个过程中，学生会对问题有新的认识。在课堂上，角色扮演的成功，可以提高学生学习的自觉性和使命感，激发他们学习新知识的热情。

（三）理论在具体研究中的注意事项

1.要点：教师的指导监督作用

在协作学习中，教师应扮演引导者的角色，发挥监督、干预作用。教师对协作学习小组的监管和干预，不仅不应当局限于教室内部，还可以彻底突破课时的限制，在教师自身认为合理的介入时刻参与学生之间的协作学习。有能力的教师可以使用在线教学平台来监督协作学习过程，可以在这个平台上为学生安排个性化的学习任务。按照事先确定的小组职责分工，对不同成员或者小组的学习进度进行跟踪。可以采用的方式包括但不限于电子邮件或自由论坛发帖等方式，定期向学生提供讨论内容，带领学生针对各自选定的学习任务进行沟通；也可以构建线上会见制度，对学生的完成情况进行定期跟踪并对完成情况进行评估，避免小组成员在自主学习时误入歧途。此外，教师在对学生进行监督和追踪时，应注重对学生的奖罚。对于分工合理、协作有序的小组应该给予共同的奖励，奖励可以是物质上的，也可以是精神上的；而对于活动消极的小组或协作过程中经过多次协调后仍未能有序进行协作活动的小组，应该给予共同的惩罚。

教师无论是通过定期任务的布置、定期的跟踪还是共同奖励与惩罚的制度等方式，其目的都是更好地指导、监督学生，让学生更深入地体会协作的过程，提高学生的协作效率和保证任务的完成。

2. 前提：科学地安排学习小组成员

科学地组织学习小组是很重要的。在组成小组时通常采取"互补互助、协调和谐"的原则，也就是小组成员之间最好存在一些差异，以便互补互助，这可以促进每个小组成员都参与学习活动，对彼此获得更多的经验信息是有帮助的。例如，根据学生的学习能力、学习风格、特长、性别等因素对其进行分类结组。在成立学习小组以后，还要对组内的成员进行科学划分。首先，要把工作划分清楚，制定出对应学生的职责清单。在协作开始的时候，要进行初步的分工规划，并在完成规划之后交给教师，这样教师就可以在之后的教学过程中根据递交的规划监督小组的学习进度。其次，要根据成员的兴趣和能力进行合理的分工，尽量为每一位成员提供提升他们知识水平和技能素养的机会。在协作任务的逐步展开过程中，要对责任分工表持续细化，给小组成员提供扮演不同角色的机会，以此来提高协作者的协作意识和责任感。最后，每一个团队都应该设立一位组长，以便于对团队的工作进行全面的协调和整体的规划。

3. 基础：把握小组学习的兴趣和时间

在协作学习中，教师要把握小组学习的兴趣和时间，避免在协作过程中出现开始"轰轰烈烈"后来"销声匿迹"，或"先松后紧"或"先紧后松"的现象。通过对兴趣和时间的把握，增强协作学习的有效性。首先，在协作学习的过程中，教师应设法使学生对协作学习产生兴趣，同时也要注意到他们身上有哪些闪光点。教师要及时总结，并对学生进行鼓励与关心，给予他们一定的认可，让学生在小组学习的过程中持续获得成就感。小组成员之间的认可，可以激发在学生的潜能，使其始终保持稳定、积极向上的心理状态与情感，有利于学生保持学习兴趣，从而保证小组协作学习的良性发展。其次，在整个学习过程中，教师要注意从时间上引导学生积极协作，如在小组活动过程中，明确小组任务执行的时间节点，要求学生在规定的时间内完成相关任务并向小组成员或教师汇报已获得的资料信息、任务进展等情况，并主动了解其他成员的有关情况，在互帮互助中共同进步。时间节点的确定，虽在一定程度上加大了协作学习的压力，但它能更好地促使学生定期完成相关任务。

4.关键：确定小组学习任务

有效的协作学习中，学习任务的合理设计是关键。因为协作学习中学习目标是通过一个个的任务实现的，一个设计得平平无奇的学习任务，很难保证学生的学习结果。因此，教师要以自己所教授学科的教学目标为依据，将教学内容设计成一个个切实可行的教学小任务，让学生在协作完成这些任务的过程中，掌握指向教学目标的知识内容、方法与技能，从而提高学生的信息素养。总体上讲，为设计一项合理的学习任务，必须考虑下列因素。

①学习任务应划定清晰，目标应指向明确，同时注意任务应当切实可行。在学习总目标的框架下，教师要将总目标细分为若干个具有具体要求的小目标并将每一个或几个学习目标的内容，转化并渗透到一个易于掌握、具有较强可操作性的任务之中，用这些任务来体现出学习总目标。

②任务的设置应让学生可以自由选择。在进行学习任务的设计时，要以学生的实际情况为出发点。每个学生都具有不同的心理特点和知识文化背景，每一个小组都有各自的特长。所以，在进行活动设计的时候，要充分考虑到设计对象的特点，在保证活动数量充足的基础上，尽可能地设计出丰富多样的活动形式。另外，任务本身要与学生的生活密切相关。只有这样，设定好的任务才可以为学生提供充足的选择空间。学习小组可以按照其成员的特点、兴趣等挑选出最适合自己的教学任务。这样可以在激发学生学习兴趣的同时，提升教学质量。

③设计任务时要注重与其他课程的整合。从知识的分门别类到最后划分为具体学科，这是人为的分类，也是一种理想的分类。但在社会生活中，往往一个任务的完成需要综合多门学科的知识。因此，设计任务时要注重学科整合，如在信

息技术的任务设计上，以信息技术为认知工具，以其他学科的知识为载体，在真实的问题情境中，让学生处于提出问题、思考问题、解决问题的协同学习过程中。例如，在对文学背景进行分析时，可以把语言教学与历史相结合，从而对文学背景的分析更为准确、深入。

5. 把关：重视过程性评价

在协作学习中，教师对学生的评价不再局限于传统的单向性评价，传统的评价方式强调的是学习结果。协作学习的评价应在关注结果的同时，高度重视学生对学习过程的参与，重视学生收集资料、分析处理信息的过程，重视学生在发现问题、解决问题的过程中综合运用知识的能力，重视学生在参与过程中的学习态度、研究方法、技能素质等，重视学生在研究过程中的实践体验。协作学习的评价不仅要重视结果，更要重视过程，过程性评价强调的是研究成果的形成过程，注重对学生创新精神和创新能力的培养。

二、多元智能理论

（一）理论源起与发展历程

1957 年，苏联发射首颗人造卫星，这在美国政坛上引起了强烈反响，人们呼吁在教育问题上找到美国落后于苏联的根本原因。部分观点认为，美国的理科教育水平虽比苏联高，但艺术教育水平却比苏联低很多，以至于科技人员缺乏人文精神和艺术精神，限制了科技发展，导致航空科技在世界范围内的失败。于是，哈佛大学教育研究生院于 1967 年提出了一项研究计划，目的是研究艺术教育对于科技竞争的推动作用并探讨艺术教育的模式。项目的发起人纳尔逊·古德曼（Nelson Goodman）表示，艺术教育在人才培养和人类智力开发方面有科学教育无法替代的作用。在他看来，美国以前在科学教育方面投入了大量的资金，但对于艺术教育的作用认识不全，而且不太系统，在这个领域中，理论接近于零，所以他把这一研究项目取名为"零点项目"。基于这种认识，哈佛大学的"零点项目"课题组应运而生。哈佛大学教育研究所发展心理学教授霍华德·加德纳（Howard Gardner）于 1979 年起参与"零点项目"，并成为后来的主持者。他表示教育体制并没有为各种智力的发展需求做好准备，因此忽视了某些领域智力的发展。通过对已知的正常儿童各项技能的开发过程和其脑受伤后某些技能丧失的状况的研究，以及对其他特殊的人群，如超常儿童、患孤独症儿童、学习障碍儿童的研究，加德纳发现人类的神经系统经过一百多万年的演变，已经形成了多种智能，并且这些能力的差异很难用一元化智能的观点来解释。在此基础上，加德纳正式提出多元智能理论，并于 1983 年出版了《智能的结构》一书。

《智能的结构》一书提出了多元智能理论，并证实了七种智能的存在。后来，加德纳又提出第八种智能——自然观察智能。出乎意料的是，该理论并没有在心理科学领域引起人们的普遍关注，反而招致一些心理学专家的反对和批评。然而，这一理论却在教育领域受到人们的热切关注，不仅在其发源地美国得到了广泛的认可，而且在英国、澳大利亚、日本、韩国等国家也得到了认同与发展，在世界范围内引发了教育理论与实践的革命性变革，掀起了一股教育改革的浪潮。多元智能理论的科学与实践价值及其内蕴的教育意义值得我们认真研究与思考。多元智能揭示了一种更为宽泛的智力体系的存在，并对智能（智力）做出界定：解决所面临的实际问题的能力；提出新问题的能力；寻求特定问题的答案以及迅速有效地学习的能力；对自己所属文化做出有价值的创造和服务的能力。

（二）理论要点概述

1. 多元智能的内涵

与传统智能观相反，加德纳认为智能是一种生理心理潜能，是在特定的文化背景下或社会中，解决问题或制造产品的能力。这一观点使人类对智能的认识有了质的转变，见表 2-1[①]。

表 2-1 关于智能界定的变化

旧观点	新观点
智能是固定不变的	智能是变化发展的
智能是一元的	智能可以以多种方式呈现，即智能是多元的
智能可以用数字来衡量	智能无法以数字来衡量，它存在于作业或问题解决过程中
智能可以独立地进行衡量	智能只有在上下文或真实生活背景中才能衡量
智能可以用来将学生分类，并预测他们的成功	智能可以用来了解人的能力以及学生能够成功的多种方式

---

① 席尔瓦，斯特朗，佩里尼.多元智能与学习风格［M］.张玲，译.北京：教育科学出版社，2003.

2. 多元智能理论简述

同一种智能能够表现在不同职业上，相同的职业也需要多种不同智能才能满足职业的要求。例如，教师需要具备良好的语言智能才能向学生表达清楚教学内容，还需具备良好的人际关系智能才能处理好与学生、同事和领导的关系；擅长舞蹈的人需要不同程度的身体运动智能、音乐韵律智能和人际关系智能等。对此，加德纳强调："事实上几乎具有任何程度的文化背景的人，都需要运用多种智能的组合来解决问题。"①

（1）语言智能

语言智能，是指人对语言的掌握和灵活应用的能力，包括驾驭语法和语言结构的能力、音韵学或语言发音能力、语义学或语言意义能力及实效性或语言实际运用能力。对上述这些能力的运用包括修辞、记忆、解释等。教师、律师、演说家、编辑都是对语言智能要求较高的职业。对于具有较高语言智能或者要发展语言智能的学生，一个理想的学习环境应该包括以下内容：阅读资料、音频、写作工具、故事等。

（2）数理逻辑智能

数理逻辑智能，指数学和逻辑推理的能力以及科学分析的能力，包括对逻辑模式、相互关系、陈述、命题、函数及其他有关抽象事物的敏感性。运用数理逻辑智能时需经历以下过程：聚类、判别、推理、概括、计算及假设检验。特别需要数理逻辑智能的职业有数学家、物理学家、天文学家、工程师、税务师、会计师、统计学家、科学家、计算机程序员等。对数理逻辑智能强的人来说，一个理想的学习环境应该包括博物馆、天文馆等可以进行科学教学的教育机构。

（3）视觉空间智能

视觉空间智能，即对感知视觉—空间世界进行精确的认知，并在此基础上实现知觉的转化的能力。这种智能包括对色彩、线条、形状、空间及它们之间的关系的敏感，还包括在头脑中把视觉和空间的观念具体化，并迅速在空间矩阵中确定方向的能力。像水手、工程师、外科医生、向导、猎人等，都是对空间智能有要求的职业。对于具有较高空间智能的学生而言，理想的学习环境应该包括美术作品、影视作品等。

（4）音乐韵律智能

音乐韵律智能指对音乐进行感知、辨别、变化和表达的能力。这种智能包括

---

① 加德纳.多元智能［M］.沈致隆，译.北京：新华出版社，1999.

对音乐节奏、音调、旋律和音质的敏感程度。作曲家、歌手、调琴师等都是对音乐智能要求很高的职业。对具有较高音乐智能的人而言，一个理想的学习环境应该包括音乐、弹奏乐器等。

（5）身体运动智能

身体运动智能，就是用肢体的动作来表现思想感情，并通过两只手来创造或变化事物的能力。这一智能包含了诸如平衡性、协调性、敏捷性等特别的生理技能。例如，演员、杂技表演者、手工艺师等均是身体运动智能比较高的职业。一个有较高运动智能的人，其理想的学习环境应包含表演、动手操作、建造成品等。

（6）自我认识智能

自我认识智能，就是对自己有充分的了解，并根据对自己的了解来相应地采取行动。这种智能包含对自身充分认识，能觉察自身内心的情感、意图，具有自我认知和自我尊重的能力。小说家、心理学家、临床医学专家、神父、修道士等都是对自我认识智能要求较高的社会人群。而对具有较高自我认识智能的人来说，其理想的学习环境应包括独处的场所等。

（7）人际关系智能

人际关系智能，指的是能够感知和区别他人的情绪、意图、动机的能力，也就是理解他人的能力。这种智能包含了对面部表情、声音、动作的敏感性，以及对获取到的信息做出恰当反应的能力。在人际关系智能方面需求较高的职业包括临床医师、心理医生、顾问。在为具有较高人际关系智能的学生提供理想的学习环境时，应注意设置以下内容：小组作业、团体游戏等。

（8）自然观察智能

自然观察智能，指善于对各种环境中的大量物种，如植物群与动物群，进行认识和划分的能力，包括对其他自然现象进行认识和划分的能力，也包括对其他自然现象的敏感性及其在城市环境中的生长变化情况，以及在非生命形式间进行区分的能力。植物学家、科学家、海洋学家、兽医、园丁是特别需要自然观察智能的几种职业。对于自然观察智能强的学生，必须为其提供以下教学活动：参观博物馆、动物园和植物园，户外活动、郊游等。

3. 多元智能理论的教育理念

（1）弹性的、多因素组合的智力观

多元智能的各种智能不是以整合的形式存在的，而是相对独立的。加德纳从大脑损伤成人的研究中发现每种智能是可以独立存在的："大脑损伤成人的研究结果表明，某一种能力可能在其他能力完好无缺时丧失。智能的这种独立性，意味着即使一个人有很高的某一种智能，如数学逻辑，也不一定有同样程度的其他智能，如语言或音乐。这种具有独立性的智能，和传统方法测量出来的智商有明显的差别。"[1] 在教育上，各种智能相对独立发展也经常表现在"偏科"的现象上，如某学生的语文表达能力特别好，在数学学习上却表现得特别吃力。

正常情况下，个体智力以一定的智能组合存在。也就是说，每个人在不同程度上都拥有多种智能。加德纳认为除了非正常的人，个体的智力都是以一定的智能组合存在的，只是有些方面的智能发展得快，有些方面的智能发展得慢，甚至有的智能得不到发展。也就是说，每个人都不同程度地拥有八种智能。[2]

（2）真实情境或社会文化因素的背景观

在教学中，多元智能理论认为智能存在于问题解决或真实情境中。加德纳指出，在解决某种特定形式的问题时，生物的本能还必须与这领域的文化教育相结合。例如，语言是人类共同拥有的技能，但在一种文化中可能以写作的方式出现，在另一种文化中可能以演讲的形式出现，在第三种文化里说不定就是颠倒字母的游戏。如同一个主题的作品制作中，不同智能组合的学生，作品的表现形式有所不同。每个人都有八种不同的智能，只是这些智能在不同的人身上结合和表现的程度各不相同。并且，每个学生在一个或多个专业领域中都有发展的潜能，只要对其进行适当的教育与培训，每个学生的智能都可以得到发展。所以，教育应为学生创设多种有利于发现和提升智能的教学情境，为学生的学习提供多样化的选择，让学生可以扬长避短，充分利用真实情境或社会文化因素的积极作用。

（3）全面的、多样化的人才观

社会的发展需要多样化、层次化和结构化的人才。每个学生都有一种或数种优势智能，只要教育得法，每个学生都能成为某方面的人才，都有可能获得某方面的专长。但传统智力观与评价观极大地抑制了多样化人才的培养，放弃了开发许多人才的潜能；而多元智能评价的目的不仅仅是帮助学生找出自己的优势智能和弱势智能，更重要的是让学生在认识自己优势智能和弱势智能的基础上，利用优势智能来增强对学习内容的理解，从而改善自己的弱势智能。虽然个体可能会哀叹自己在某一指定领域内缺乏能力，并且认为这是天生的、不可改变的，但加德纳认为如果给予适当的鼓励，提供丰富的环境与指导，实际上每个人都有能力

① 加德纳.多元智能［M］.沈致隆，译.北京：新华出版社，1999.
② 阿姆斯特朗.课堂中的多元智能：开展以学生为中心的教学［M］.张咏梅，王振强，译.北京：中国轻工业出版社，2003.

将八种智能发展到一个相当高的水平。[①] 例如，视觉空间智能高度发达而语言智能发展不好的人，可能看不懂描述性的文字，但一看地图便懂了。这样就可以通过地图来帮助理解文字的描述，实现优势智能与弱势智能的互补，不但优势智能得到发展，弱势智能也得到了改善。

（4）个性化的、因材施教的教学观

不同人的智能发展存在着先后性，因此我们要关注学生在智能发展上的先后性和差异性。在注重全面发展学生各种智能的基础上，更应该注重个性的发展。因此，教学要尽可能创设适应学生优势智能发展的条件，因材施教。所以，教学在一定程度上应该允许学生存在"偏科"现象，如"尖子生"的出现，则是对智能发展差异性的解释。由于不同的智能领域有自己独特的发展过程和所依托的不同符号系统，因而不同的教学内容需要运用不同的教学技术，以适应不同的智能特点。即使是相同的教学内容，针对每个学生的不同智能特点、学习风格和发展方向，教学也应当采用丰富多样的、有广泛选择性的教学技术。

（5）以评价促发展的评价观

加德纳在批判标准化考试与评价的基础上建立了多元智能观的评价理论，这种评价理论以多元智能理论为基点，对传统教育评价的不足与缺陷之处进行了弥补与改造。它有别于传统的教育评价。[②]

评价教学的指导思想从评判什么样的人适合进行教育转变为评判什么样的教学方法适合教育。传统的对学生的评估主要是基于测试和考试，其目的是筛选出合适的学生。在此基础上，提出了一种"以人为本"的教学观。每个学生都是独一无二的，每个学生都有与自己的心理特征相适应的学习内容与方法。要使学生收获更好的学习效果，就需要使他们在学习过程中得到平等的学习机会。

评价的职能从以筛选为中心转移到以发展为中心。学生评价以促进学生发展为基本目标，但传统的学校评价偏重于"筛选"，而忽略了"提升"和"激励"的作用。在多元智能理论的指导下，学校评价开始强调评价本身的作用，做出了教学改革。

评价内容从"窄化"向多样化发展。加德纳认为，以语言和数学为中心的传统教学是"唯一机会的教育"。因此，教师在教学中要充分认识和掌握学生的智能特点，对其进行多元化的评估。举个例子，如果一个学生的语文、数学和英语

① 阿姆斯特朗.课堂中的多元智能：开展以学生为中心的教学［M］.张咏梅，王振强，译.北京：中国轻工业出版社，2003.
② 王瑜.基于多元智能理论的学生评价研究［D］.郑州：河南大学，2005.

都很差，那就可以对比一下他的其他科目，如美术、音乐、信息技术等。运用多元化评估的方法，一方面可以增强学生的自信心，另一方面也可以激发他们学好弱科的热情。

评估的重点从注重结果转向注重过程。在传统的课堂教学中，教师通常只是让学生回答问题，而忽略了对问题答案的获取过程。多元智能评价观要求收集学生在学习和解决问题的过程中得到的数据，对他们的学习和解决问题的整个过程进行评估，这样才能真正实现因材施教，促进学生在已有的基础上得到有效的发展。

评估方式从以笔试为主的量化分析逐渐转变为以多元评估为主的综合评估。传统的评估方法追求客观性和量化，但教育现象远较自然现象更为复杂，单纯的量化评估无异于将其简单化，不但不能从根本上保障其客观公正，更会丧失其最本质的意义。多元智能理论认为，评估的真正价值并不只是在课堂上，而是在非课堂上，以及在现实生活中如何有效地处理现实问题。

（三）在研究中的启示与意义

1. 对全面发展与个性发展的阐释

多元智能理论科学地阐明了全面发展与个性发展的关系。它认为每个学生在全面发展多元智能的基础上，可以有一种或数种优势智能，即全面发展与个性发展是可以取得平衡、和谐发展的。①根据多元智能理论，大多数人具有完整的智能，在适当的环境和教育的作用下都可以达到合格水平。②每个人的认知特征具有独特性，在八种智能方面每个人拥有的量是不同的，八种智能的组合和操作方式各有特点。因此，每个学生的智能优势结构是不同的，这种不同就是个性发展。全面发展与个性发展是互相联系的。全面发展是面向有差异的每一个个体提出来的，这就从客观上决定要因材施教，根据不同学生的不同特点，促进他们的个性发展。真正实施素质教育，必然坚持全面发展与个性发展的统一。

2. 与素质教育、课程改革的一致性

素质教育，就是以人的发展和社会进步的现实需求为基础，把全面提升全体学生的基本素质作为根本目标，尊重学生的主观能动性，重视对人智力的开发，强调以健康人格为主要特点的教育。素质教育就是要解决培养什么人和如何培养人的问题，是教育改革的主题。多元智能理论是适应时代和社会发展需求的现代教育教学理念，与素质教育理念一致。多元智能理论注重每个人的全面发展和个性发展，注重潜能开发，强调以学生为中心，强调解决问题能力的培养等。素质

教育不应只发展学生传统意义上的课业学习智力,更应重视发展学生的多元智能。这应成为我国当前教育课程改革的重要目标之一。课程改革应当树立人人都能成功的学生观,应当关注的不是哪一个学生更聪明,而是哪一个学生在哪些方面更聪明。教学方法和手段应该根据教学对象和教学内容而灵活多样、因材施教。加德纳提出的多元智能理论为我们今天的素质教育、基础教育课程改革提供了多方面的有益启示。

第一,把智力定位为解决问题的能力和生产及创造社会需要的有效产品的能力,为我们今天的基础教育课程改革提供了新支点——课程改革要把培养学生的实践能力和创造能力放在首要位置。我们的学校再也不能仅凭某种标准测试的分数或几门书面考试的成绩衡量学生,而应该重点培养并考查学生运用所学知识解决实际问题和进行初步创造的能力。

第二,把智力置于一定的文化环境之中,为我们今天的基础教育课程改革提供了新依据——智力观和智力培养观或课程观应该是与时俱进和因地制宜的。我们的基础教育课程一定要改革,不改革就只能落在时代的后面,被时代抛弃。同时,我们的教育改革一定要具体问题具体分析、具体情况具体对待,做到既与时俱进又因地制宜。

第三,把智力结构看作多维的和开放的,为我们的基础教育课程改革提供了新视角——课程改革应该保证学生真正意义上的全面发展。我们不能只围绕某几种智力设置课程,不能把多种"非学术"智力领域当作可有可无的"副科",而应该使我们的课程保证学生的多元智力都得到有效发展,使我们对教育方针的追求变为实实在在的课程。

第四,把个体的智力结构看作差异性的和个体化的,为我们的基础教育课程改革提供了新思路——教育应该在保证学生全面发展的同时,关注并培养学生的智力强项或特长,使我们的教育成为发现差异、因材施教、培养特长、树立自信的教育。

三、案例教学理论

(一)理论源起与发展历程

案例就是对一种实际情境的描述。在这种情境中,包含一个或多个疑难问题,同时也可能包含解决这些问题的方法[①]。不同的领域对案例的定义有所区别,尽

---

① 郑金洲.案例教学指南[M].上海:华东师范大学出版社,2000.

管表述有异，但这些定义基本上都围绕着把案例定义为对故事、事件、记录或实践的描述。这些描述既不是虚构的情境，也不是抽象和概括的理论陈述。无论是用于医学、法学或者商学，还是用于教育教学，案例都是对实践或真实事件的描述。这些事件包含了一个或多个教学问题，也可能包含了问题的解决办法。简单来说，案例是对含有问题或难题的典型事件的真实情景的一种描述，它是在不同的实践过程中发生的故事，通过丰富多彩的叙述方式，将某些个体或群体的思想和情感展现给人们，讲述的是在教学过程中发生的"意料之外、情理之中"的事情。

19世纪70年代，案例率先成为法律文献整理和系统化的副产品；19世纪末，美国哈佛医学院大力推行案例研究法；20世纪初，美国哈佛商学院成立，案例教学法开始被引入商业教育领域；20世纪80年代，案例教学法逐渐受到教育领域的重视，此后，案例教学法渐渐在教育教学中得到认可与推广。

（二）教育案例的基本结构

对"教育案例"的含义，很多专家和学者都有不同的表述，但在某种程度上还是一致的——"教育案例"就是"教育情境"的故事。事实上，在讲故事的时候，很多人都会说出自己的观点，因此一个好的案例，应该有可以让众人信服的点评。

教育案例必须包含背景介绍、对事件发生和发展过程的描述，要在作者反映的中心问题的基础上，突出教师思想上、认知上的冲突。撰写案例，一方面是为了促使作者自我思考，另一方面也是为了协助他人从个案中获得有价值的资讯。所以一个案例并不只是对一个教学事实、情节的描述，在撰写案例的时候，作者还需要对自己的观点进行提炼，并用文字来表达。具体来说，一个案例可由下列五个部分组成。

1. 背景

背景是案例的一个重要组成部分，它对案件发生过程进行了概括性的描述，同时也让读者对案件发生过程有一个基本的认识。在案例研究中，要给读者提供与事件相关的信息，如时间、地点、人物、事件的起因等。讲解背景时不一定要讲得很全面，但一定要讲清楚，如这个故事的发生有没有特殊的缘由或者情况。

2. 主题

案例应具有明确的主体性，即案例所要反映的问题。在撰写案例的时候，要先考虑到这个案例能够反映出什么样的问题。例如，它可以反映出对某个新内容的认识、理解和实践。案例的主题指的是对人物行为、基本思想的描述，它是案例作者在对案例进行深入的理解和全面的分析，对案例题材、背景进行处理和提炼后得出的智慧的结晶，是案例的精髓所在。

3. 细节

一个案例的成功和失败，都取决于细节。主题定下来后，要做的就是对素材进行筛选、处理，然后把具体的内容交给读者。要注意关键的细节，尤其是人物前后的动作、人物的心理变化等。通过角色的表现，我们可以感受到角色的心理变化，进而推断出角色的教育作用。角色的行动只是一个外在的表象，而角色的心理是一个内在的根据。在这一环节中，要说明问题是怎么产生的、问题是什么、人物在行为和心理上有怎样的变化等，这样更能体现出问题解决的过程以及解决过程中遇到的挫折。

4. 结果

案例除了要对教学思路进行阐述，对教学过程进行描述，还需要对教学结果、教学措施在实施之后所达到的效果进行交代，具体包含学生的反应和教师的感受、哪些问题已经解决、哪些问题没有解决。这其中既有获得成功的体会，也有部分遗憾，还有今后的设想等。要以问题为主线，有矛盾、冲突甚至是悬念，才能让读者产生浓厚的兴趣，并进行深入的思考。案例分析的内容与结论是进行案例分析的基础。案例描述是案例的主要内容，它应该较为客观、准确地说明案例所要反映的事件和情况，因而语言要朴实、简练、精确、生动。在叙述过程中，切忌过于冗长，要确保叙述清晰，也不能漏掉与案例相关的关键点。

5. 评析

作者对案例中所体现的主题与内容，如指导思想、过程、利弊等，都要提出自己的见解与分析。评析是在叙述的基础上进行的评论，它能更好地反映事件的意义与价值。例如，对于一个学习困难的学生，我们能够从不同的理论视角出发，从教育学、心理学、社会学等方面去发现其最后成功的原因以及他所遵循的科学规律。这些评析并不要求向读者进行理论性的解释，可以就事论事，引起读者共鸣，给予读者启迪。

这五大要素是教学案例的重要组成部分。一个成功的教学案例，必须说明事件的背景、细节、结果和评析，并能正确地提取事件的主题。

（三）教育案例的关键点

教育案例的撰写，必须介绍清楚案例发生的背景、主题、细节、结果和评析。这五个基本要素看似相互独立，但在教育案例中，它们之间是相互交融的，集中体现在案例的情境、问题、人物心理和作者的思考上。一个优秀的教育案例应该选择有意义的情境，案例中含有问题并能揭示人物的心理，且具有独特的思考方式。

1. 选择有意义的情境

有意义的情境，意味着故事的发生和发展是真实的，具有启发性。在教学过程中，教师需要对不同的问题情境做出判断、选择和决策。有意义的环境更能显示出矛盾，也能让我们有更多的选择、更多的思考、更多的启发。有意义的情境可以激发人们思考，而且它的意义远远大于问题本身的价值。情境的选取能从某种意义上体现出教师的态度和思想。

当然，要根据不同的人、不同的时间、不同的地点来确定教学情境。在情境、素材的选取上要有针对性，也要适应目前教育改革的实际要求，把人们所关注的事物和问题引向现实。

2. 含有问题并能揭示人物的心理

案例要有问题，指的是在叙述上要有矛盾冲突，要可以将教育教学工作的复杂性展现出来，要将教师与学生之间复杂的内在矛盾反映出来。对于相同的教学情境，不同的教师会采取不同的方法来应对。为何有这么多不同的实践方式？其背后的逻辑是什么？出于什么样的设计意图？案例要做到走进人的心灵，使读者"知其所以然"。但是，由于教育案例大多数情况下都是教师写的，关注的焦点更多地集中在教学一方，因此很容易忽略学生的心理活动。所以，教师在备课时，既要重视教材，又要考虑学生。在教学中，如何准确地反映出学生的思想感情，是教学案例的关键所在。案例与教案、教学笔记的区别在于它包含问题，反映人物心理，一个好的案例应当充分发挥它的特点和优势。

3. 具有独特的思考方式

同一件事能引起人们进行多方面的思考。在某种程度上，思维层次在很大程度上决定了案例的质量。因为选择有意义的情境，揭示人物的心理，掌握各种结构要素，都是从一定的观察角度开始，在一定思想观点的指引下进行的。要在错综复杂的教学现象中发现问题、提出问题、解决问题，说出人所欲知而不能言者，就需要一双慧眼。想要达到这种境界，没有任何秘籍，也没有任何捷径，需要的是日积月累的磨炼。

（四）参与教育案例研究的作用

如同冰山一样，教师在教学案例中表现出的专业技能，只是浮出海面的冰山一角，之下所隐藏的更多的是教师在专业实践中形成的大量经验性知识。研究表明，专家型教师所拥有的知识正是这样一些镶嵌于实践活动之中的情境化的、个性化的实践性知识，它是以特定教师、特定教材、特定学生、特定媒体、特定技术为对象而生成的，并通过案例的方式进行积累和传承的知识。参与案例研究与实践，对教师具有积极的意义。

1. 有助于提升教师的反思能力

独特的思考是撰写教学案例的一个关键点，独特的思考折射的正是教师的一种反思能力。在教师的专业发展中，反思能力是一种重要的素质。美国学者波斯纳（Posner）提出了教师成长公式，即教师成长＝经验＋反思。案例研究法将有助于提高教师的反思能力：一方面，案例研究注重教师在选择典型教育事件后对其进行系统的分析与总结；另一方面，案例研究还要求教师把研究成果以文本的形式呈现出来（如编写案例），这一过程有助于提高教师的反思能力。

2. 有利于教师的专业发展

教师专业发展研究除了关注教师的专业特性和专业地位，也同样关注教师如何将自己的专业技能与具体的教学实践结合起来，整合到具体的教育情境之中。毫无疑问，理论知识对于指导教育实践具有举足轻重的作用。但是，许多一线教师经常抱怨理论是空洞的，理论听起来似乎很有道理，可就是不能够运用到教育实践中去，或者一用到实践中去就走样了。事实往往确实如此，教学是一种情境非常复杂的创造性工作，不仅需要以一定的教育理论为基础，更需要将这些原理知识运用于教学实践之中，形成解决实际问题的方法。案例处于理论与实践的中间位置，具有重要的桥梁作用。单纯的理论学习让教师觉得高深莫测，容易与具体课程实施脱节。而面对抽象的理论，教师可以通过案例研究将教育理论落实到实践中去，使案例成为沟通理论与实践的桥梁。

舒尔曼（Shulman）指出，教师的专业知识结构应由三类知识构成[①]，即一般的教育教学课程的原理规则知识、具体的学科教学等教育实践的专业案例知识，以及通过反思等手段而形成的运用原理规则于典型案例解决实际问题的策略知识。根据相关研究，处于不同阶段的教师的专业知识是不断变化的。一般来说，

---

① 孙军业．案例教学［M］．天津：天津教育出版社，2004.

初次站在讲台上的教师（职初教师），在其知识结构中，一般的原理规则知识所占的比例远远大于案例知识和策略知识；而当一位教师能够在一所学校站稳讲台时（有经验的教师），其知识结构会发生显著的变化，即案例知识明显增多；随着教师自身教学风格的形成，能够站好讲台（专家型教师），通过反思典型教育案例而建构起来的策略知识则明显增多。

3. 有利于丰富教育理论

一切教育理论启示都是对教育实践进行概括和提升，最后上升到普遍规律的结果。一切优秀的教育理论都要能够接受教育实践的检验。来自实践的思考，只有在被赋予了理论的意义之后，才能具备逻辑和系统的力量；而源于理论的知识，只有在得到了实践印证和检验之后，才能产生解释现象和指导行为的说服力。案例研究恰恰是将理论与实践对接的桥梁，对教育理论的丰富与发展具有重要意义：案例研究不仅仅是解决问题的源泉，也是教育理论的"故乡"。真正的教育理论都是从教育实践中产生的，都是在大量教育案例积累的基础上形成的，并且教师一旦领悟了教育案例中隐含的教育理论问题或基本教育原理，就可以用它来考察新的教育案例，解决新的教育实际问题，应对已经变化了的教育情境。

第三节　信息化教学设计的资源与评价

一、信息化教学设计的资源

（一）信息化教学资源的类型

通常认为，"信息化教学资源"属于信息资源的范畴，是从狭义上理解的一种特殊的信息资源，是经过选取、组织，使之有序化的，适合学生自身发展的有用信息的集合。本书所讨论的信息化教学资源，主要指蕴含了大量的教育信息、能创造出一定的教育价值、以数字信号的形式在网络上进行传输的信息资源。信息化教学资源可以提供给学生使用，能帮助和促进他们学习。这些信息化教学资源的要素可以单独使用，也可以由学生结合起来使用。在信息化时代，有专家认为世界上的知识总量每3～5年就翻一番，网络几乎成为最主要的信息来源，然而，信息化教学资源相对于其他信息仅占一小部分。但是，这一小部分的信息资源对于我们的需要来说已经很多了。面对这么多的信息化教学资源，为了便于查找，有必要将它们进行分类。

1. 形态上划分：八大类

从资源的形态上，我们习惯把信息化教学资源划分为以下八大类：电子书籍、电子期刊、虚拟图书馆、百科全书、教育网站、电子新闻组、虚拟软件库和网上数据库。

①电子书籍。现在网上电子书籍的类型主要有名家的经典著作、网络畅销书等，如莎士比亚的著作、金庸的小说等。目前，使用网上的电子书籍通常是免费的。然而，随着读者越来越多地利用网上资源，相应的版权问题也越来越多，于是部分电子书开始实行收费制度。

②电子期刊。电子期刊主要包括电子报纸、电子杂志、电子新闻和信息服务等。电子期刊现在已经成为主要的网上信息资源。由于电子期刊方便查找和阅读，其需求量也越来越大，其内容基本与印刷报刊的内容相同。一般情况下，学科专业的电子期刊均实行收费制度。

③虚拟图书馆。虚拟图书馆是一个比较广泛的概念，可以泛指各种有组织的网上信息库，如清华大学虚拟图书馆、万维网虚拟图书馆等。这些信息库广泛收集网上的学术作品和相关网站地址，按一定规则进行分类编目，有的用超文本建立索引，有的用关键词检索等。此类虚拟图书馆由于有专业人员对信息进行筛选和组织，信息质量比较高，具有很高的参考价值。

④百科全书。电子百科全书（包括电子辞书）的时间不长。不过，最著名的百科全书——《大英百科全书》在 1996 年 6 月份的时候就已经有了在线服务。到目前为止，相对于印刷的百科全书，电子百科全书在某些方面还存在一定的局限性，尤其是在照片和其他的多媒体元素方面。不过，我们相信，随着信息技术的发展，电子百科全书将克服这些不足，还将提供更广泛、及时的信息（包括三维动画、声音和视频等）。百科全书的另一个优点是它基于超文本设计，这样易于浏览查询。

⑤教育网站。一些教育机构逐渐开始在网络上发布它们自己的数据资源，如用于课堂教学的附加材料、学生的论文，甚至是完整的网上课程。教育网站的内容通常涉及中小学和大学教育的所有方面。教师为了满足上课的需要，可以利用主要的搜索引擎，通过选择恰当的目录或关键字进行信息搜索。大部分市级教育局均建立了教育信息网，其中内容丰富，包括学科教育资源，既有供教师使用的，也有供学生阅读的学科资源，既有以文本的形式出现的，也有以视频的形式出现的。通常这些由市级教育局建立的教育信息网都是免费的。

⑥电子新闻组。这些基于电子邮件的讨论列表是根据不同的用户感兴趣的主题，一级一级组织起来的。利用新闻组，学生可以同世界各地的用户交换信息。新闻组的规模有大有小，教师在为学生推荐个人新闻组时应该考虑到这一点。

⑦虚拟软件库。虚拟软件库专门收集免费软件、共享软件，可供自由下载使用，但共享软件一般有使用期限。软件库中不乏教育软件，如谷歌公司开发的一款虚拟地球软件谷歌地球（Google Earth）。

⑧网上数据库。网上有各种各样的数据库，如图书馆目录、专门用途的数据库和地址簿等，但只有前两种可以用于教育。网上数据库越来越多，而且使用起来非常方便。数据库的界面设计都非常人性化，只要学会了计算机的基本操作，使用数据库基本上就不成问题。

2. 结构优良性：三大分类

信息技术是一门新兴学科，以信息技术为载体进行教学的模式是需要反复研究和考察的。华南师范大学的胡小勇教授从结构化的角度，对以信息技术为载体进行教学时所用到的教学资源进行了归类：

①良构化教学资源：指那些结构良好的信息化教学资源，即构建规范、组织清晰、使用元数据进行归档管理、方便检索和利用的信息化教学资源。例如，CAI教学课件、学术论文或者一些有研究价值的试题等，这些资源大部分结构良好，不可直接修改，而且比较规范、存放有序。

②劣构化教学资源：指的是那些离散的、格式不一且质量差或不完善的信息化教学资源。网上有大量的劣质教学资源，如教师的教学反思、教学案例等。这些资源大多是记录课堂教学的一个片段，没有统一的格式，比较零散，也不完善。

③半结构化（适构）教学资源：指介于良构化教学资源与劣构化教学资源之间的其他信息化教学资源。随着教学资源的开发，半结构化的教学资源深受一线教师的喜爱。半结构化教学资源虽然组织清晰，但也有待改善。例如，天河部落是广州市天河区教育局的教育博客系统，里面收集了大量的优质教学资源，如教学设计、教学反思、教研综述等，这些教学资源都是以一定的形式有序地组织起来的，学习者（如一线教师）能在学习其优点的基础上，进一步完善，并促进自身专业的发展。

无论是良构化教学资源、劣构化教学资源还是半结构化教学资源，均对教学资源的开发和使用起到积极的作用。良构化教学资源一般具有较高的研究价值，方便各地教育者和受教育者使用，但其适应性不会很强；劣构化教学资源对学习者提出更高的要求，学习者首先必须有自己的一些观点，并带着借鉴和批判的心态进行学习，取其精华，去其糟粕；而对于半结构化教学资源，学习者可结合半结构的特点，根据自己的经验，对其进行修改和完善，最后使其成为适合本地区使用的教学资源，修改和完善的过程也对教育者的能力提出高水平的要求。从教师专业发展的情况来看，半结构化教学资源对于促进教师专业发展具有极大的作用。

3. 内容相关性：三大类

祝智庭教授曾根据内容相关性来划分教育中的软件资源[1]，分为"内容特定""内容有关"及"内容自由"三大类。受此启发，将其进一步拓展到资源分类中，可以将信息化教学资源分为三类。

①内容特定的教学资源：针对某一学科的教学内容展开设计，特别是试题、习题、练习题等。

②内容相关的教学资源：在教学内容中，有一定程度上和课程相关的各类电子阅读材料；或资源直接与课程相关，如游戏软件；也有可能在课程的基础上，加入了许多扩展的知识点，如电子百科全书。

③内容自由的教学资源：指的是一些被用来支持一般学习活动的原始资源素材和工具性软件，主要包括原始素材、内容开放型网页等。

在实际教学活动中，各种信息化教学资源都得到了不同层次的运用，尤其是良构化教学资源，这一教学资源有着使用方便、操作简单、效果明显的优势，使其在教学活动中频繁出现。但是，为了更好地发展学生的各种能力，一线教师更应该在重视良构化教学资源的基础上，将教学资源向劣构化教学资源发展。

（二）信息化教学资源的瓶颈

信息化教学资源无疑能够提高教学组织的工作效率，但信息化教学资源的建设与应用在现实教学中仍然存在着很多问题，如资源结构性缺乏、实践效果不佳、"低水平资源的重复建设"、有效资源匮乏等，这些问题影响到信息化教学资源的深层次推动与应用，无法取得良好的应用效果，这反过来打击教育工作者使用信息化教学资源的信心，给信息化教学资源的应用带来了更大的阻力。

（三）信息化教学资源设计原则及应用策略

在信息化教学过程中，教学资源的应用需要考虑多重因素，包括教学目标、教学问题、学生特征、教学环境、教学活动等。在信息技术的发展过程中，若能

---

① 祝智庭，顾小清，闫寒冰.现代教育技术：走进信息化教育［M］.修订版.北京：高等教育出版社，2005.

针对这些现实要素，采用有针对性的实施策略，将有助于提升信息技术的应用效果。

1. 信息化教学资源的设计原则

教学资源的开发与利用是课程开展的前提，是课程实施的重要条件。能否合理开发与恰当使用教学资源直接影响着教学效果。新课程的推进对教学资源建设提出了新的要求，教学资源在面临重要的建设机遇的同时也面临着新的挑战。教材是最主要也最重要的教学资源，这是不容置疑的。然而，随着课改的进一步深入，许多教师已经意识到教学资源不能仅仅局限于教材。教材无非是例子，尤其是在信息技术引入教学后，教师、学生可支配的资源增多了，增强了教学内容的综合性和灵活性。这就需要教师掌握信息技术，设计出更实际、更有意义、更富挑战性的课程。信息化教学资源只有被合理有效地开发和利用，才能发挥其作用，促进教学的有效实施。

（1）激发学生学习兴趣

兴趣是最好的老师，是开启知识大门的金钥匙。学生如果对学科的学习产生浓厚的兴趣，就会产生强烈的求知欲，表现出对学科学习的一种特殊情感，学习起来乐此不疲，这就是所谓的"乐学之下无负担"。教师要关注学生的兴趣和经验，为学生的学习提供生动、活泼的学习材料，提高学生的学习能力，培养学生的创新能力和实践能力。

一堂好课首先表现在课堂导入环节，课堂导入正是激发学生学习兴趣的关键环节。导入在课堂教学中起着重要作用，导入恰当与否直接关系到教学效果的好坏。导入得法可使学生做好学习的准备，激发学生的学习兴趣和求知欲望，使学生进入良好的学习状态，从而集中精力学习新的内容。如果呈现新知识的方法单调呆板、平平淡淡、千篇一律，学生就会产生厌倦情绪。因此，在课堂导入环节，教师可以借助信息技术的优势，利用信息化资源，如一些经典的视频、音频或者其他形式的作品，通过视觉、听觉等感官营造一个真实、有意义的学习环境，激发学生的学习兴趣。导入遵循一定的程序：集中注意—引起兴趣—激发思维—明确目的—进入学习课题。在导入设计上应该注意教学内容和学生特点，引起学生兴趣，启发学生思维，诱导学生求知，使旧知识与新知识联系紧密，使学生自然地进入课题。

（2）突出教学重点、难点

教学重点是教学中教师设计课的主要线索，也是学生必须掌握和理解的内容。

难点是指学生感到难以理解或难以掌握的内容。这些内容或者由于知识本身抽象复杂，或者由于学生缺少必要的知识储备，而使学生感到难学。只有研究清楚造成学生学习困难的原因，教师才能设计有针对性的教学活动，选择有效的教学策略，进而制订切实可行的教学计划，突破教学中的重点、难点。

在教学中，教学重点、难点要抓得准，教师必须下功夫。从一线教师的实践经验来看，采用的解决办法如下。

①善于引导。善于引导指的是教师在进行教学的时候，要以问题的症结和难点的实质为依据，运用有启发性的教学方法，从多个方面对学生进行启发，让他们在学习中形成多种联想，从而获得一些领悟。重点和难点问题的不同，导致了指导方法的多样化。一方面，对教学重点和难点的引导既可以导之以趣、导之以情，也可以导之以理、导之以法。另外，教学内容、教学难度、学生思维模式的多样性，都要求教师在教学中采用灵活的指导方式。因此，教师必须掌握多项"导"的技巧，才能在课堂上开辟出一条新路。

②善于联系联想。这意味着，在教学的过程中，教师要帮助学生迅速地找到新旧知识的连接点，让学生从原来的知识背景和经验中找到一个突破口，从而将新的知识结构进行同化和建构。对于学生而言，书本上的知识都属于间接经验，只有将它们与直接经验联系在一起，得到直接经验的支撑和帮助，才能使他们的学习变得更加扎实。因此，在教学中，不能只有知识，更不能照本宣科、枯燥无味地分析，单纯地从理论到理论、从书本到书本，这样只会削弱教学效果。要想善于联系联想，就要做到以下三点。一要结合现实生活，把时代气息带进课堂。二要与已学过的知识相结合。这种"旧"知识是"新"知识的生成点和固着点。因此，在教学过程中，要把重点放在教学内容的横向联结上，要注意到教学内容的整体与局部、前与后、因与果的衔接与递进，在注意到的联系中把新旧知识融合到一起。三要与教师自己的学习体会相结合。教学不仅是教师和学生之间相互传递信息的过程，更是教师和学生之间相互交流的过程。在教学过程中，如果教师能够结合自己的学习经历和感受，及时地将自己解决难题的方法和经验告诉学生，必能拉近师生之间的距离，使学生看得真切，悟得透彻，有效地提高学习效果。

③培养学生的创新能力。可以说，课堂是由教学资源串起来的。在一定程度上，教学资源的选用目标决定着课堂教学效果。教学资源的选用不仅要激发学生的学习兴趣、突出教学重点、难点，还应该在学生的创新能力培养方面努力。创新精神是新课程提出的重点培养目标。教师要善用教学资源，营造良好的教学环

境，有意识地培养学生的创新能力。创新能力的培养并不是一朝一夕就能实现的，而是需要在平时的教学中，一点一滴有意识地向学生灌输。那么在教学中，我们可采用提问的方法或资源引导的方法来培养学生的创新能力。例如，通过开放式、没有统一答案的问题提问方式，让学生借助发散性思维，寻求解决问题的各种有效方法；或者提供不完整的资源，尤其是劣构化教学资源，让学生在寻求问题解决办法的过程中不断充实资源，创造性地完成任务。

④优化课堂教学目标。新课程目标要求课堂教学重在核心素养的培育，包括正确价值观、必备品格和关键能力。在任何教学目标中，均离不开教学资源的选择。在传统的课堂教学中，资源的选择往往是为了突出关键能力的教学目标。随着课程改革的开展和深入，正确价值观和必备品格的教学目标得到了进一步的重视。为了实现正确价值观和必备品格的目标，一线教师更应该在教学资源的设计和选择方面多下功夫，在以往重视结论的基础上更应该重视知识的演绎推导过程和方法，做到让学生"知其然，知其所以然"。知识的演绎推导过程，需要注意方法。同一问题的解决有着多种不同的方法，在这众多的方法中，教师应该尽可能地选择一种最优的方法，使其不仅实现关键能力的目标，同时还在正确价值观和必备品格方面起到积极的作用，最终实现教学目标的最优化。

⑤充分开展学科整合。在实际生活中，问题不单单是凭借一门学科的知识就能解决的，而是需要综合多门学科知识才有可能解决。而在学校教育中，我们却把各个知识分门别类并以具体学科为基础进行分开教学。尽管这种方式在实际教学中取得了较好的效果，但不免出现了一些问题。例如，当学生在实际生活中遇到疑难问题的时候，由于思维定式，大部分学生更倾向于将问题归结于某个学科，然后再从确定的学科中寻找答案。这种解决问题的方法出现了一定的局限性，也是思维不开阔带来的弊端。因此，教师应该在教学中合理运用教学资源，尤其要善用多角度、多学科的教学资源，充分开展学科整合，通过多学科的教学资源打破学生的思维定式。

所谓学科整合，指的是在以学生发展为本的理念指导下，在原有学科知识分领域教学的基础上，力求与相关学科、社会生活和本学科各领域知识相互补充、相互强化、相互促进，使教学内容跨越原学科间的鸿沟，最大限度地回归和体现知识的整体面目，从而形成更为合理的知识系统结构，以提升整体的教学效益，发挥最大的育人功能。

2.信息化教学资源的应用策略

（1）根据教学目标选用教学资源

不同层次的教学目标，给教学资源的选择和应用带来了差异性。教学目标的差异，决定了其使用教学资源的深度和广度应该有所调整。总体来说，低层次教学目标（识记、理解、应用）所需的教学资源在广度和深度上应该有所限制，主要以良构化教学资源为主，如课件、练习、内容较为完整的文字资料等。而对于高层次教学目标（分析、综合、评价），教学资源的选用以劣构化教学资源为主，如可提供教育网址（主题网页）、正反案例。其主要目的在于考查学生面对大量资源时，分析、评价等综合能力。

（2）根据学生特征选用教学资源

根据学生的认知特点，可以为较低认知程度的学生提供较多的良构化教学资源，为较高认知程度的学生提供较多的劣构化教学资源。另外，在教学设计中，对于不同类型的学生，应根据他们的特点，选择相应的学习资源。对于自主性和自觉性较强的学生，可以为他们提供相对少量的学习资源，让他们充分地发挥自己的主动性；对于学习资源依赖较重的学生，应为其提供大量的学习资源，使其能够顺利地通过这些资源保证学习效果。

（3）根据教学环境选用教学资源

无论在何种教学环境中，为了便于创设高质量的教学情境，都应该注意资源的情境依存特性，充分利用情境化的教学资源来优化教学效果。

美国人类学家爱德华·霍尔（Edward Hall）曾做过一项研究，所得结果说明影响文化的主要因素有时间、空间及情境，并认为文化资源有高情境与低情境之分。前者是一种更为隐性含蓄的内化信息，而后者则是一种更为显性外在的编码信息。前者对情境依赖程度较高，须有一定的文化背景方能了解；后者对情境依赖程度较低，容易用文字和语言直接表述。这种与文化情境相互依赖的特征也反映在不同的教学资源中。例如，文科类知识往往比理科类知识拥有更高的情境依赖，常识类知识比原理类知识拥有更高的情境依赖，劣构化教学资源比良构化教学资源拥有更高的情境依赖等。

因此，在信息化教学环境下，教学设计者可以从使用高情境化的教学资源开始，逐步向低情境化的教学资源进行迁移，从而提高学生的高级思维能力和学习迁移能力。在信息化教学环境下，更应充分发挥信息技术作为数字载体的作用，以弥补传统课堂教学的不足。

（4）根据教学活动选用教学资源

不同类型和要求的教学活动，会导致选用教学资源的差异。从讲授到探究，有不同的教学资源提供方式：①直接提供，即将教学资源在教学过程中直接展现给学生；②部分提供，即提供部分学习资源给学生，让学生通过努力获得其他学习资源；③学习者探究获取，即在教学设计者的指导下，学生可借助网络开展探究学习，获取必要的学习资源。这些方式下的教学资源选取和使用都是不尽相同的。因此，应该针对教学活动的不同来考虑教学资源的意义、加工深度、物理分布、结构形态以及变动方式等，提供与教学活动适度匹配的合适资源，如图2-1所示。

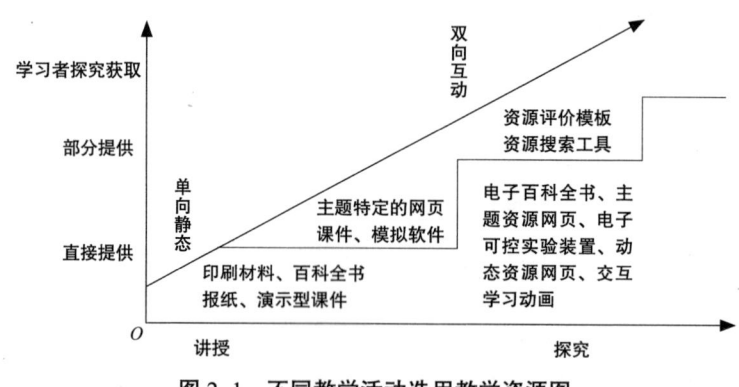

图2-1　不同教学活动选用教学资源图

（5）提供可交互探究的学习资源

教学资源的交互性，是教学资源所具有的、可以使教学资源与学生产生相互作用的性质。在信息化教学中，我们倡导向学生提供具有交互性的学习资源，让学生在利用这些资源的时候，能够有探索互动的感觉，从而提高他们的认知。与静态资源（课本、印刷材料、演示型课件）比较，交互型的动态资源可以为学生提供更为及时的纠错反馈和路径引导。这些功能可以引起学生更持久有效的认知关注，形成一种人与资源互动的氛围，激发学生的学习热情。

（6）提供学习资源的使用支架

资源的选择在很大程度上决定着课堂教学的质量，但面对庞杂的资源，很多时候学生感到不知所措。为更好地让学生在大量资源面前游刃有余，提供学习资源的使用支架显得非常必要。提供学习资源的使用支架，有利于提高教学传递的有效性，保持学习动力并促进学生的认知。

提供学习资源的使用支架并没有固定不变的方法可循。在教学中，不同的教学目标、环境、内容、对象、活动都可能衍生出多样化、动态的资源支架，它们适应不同的教学实际情况。经过实践归纳，常见的使用支架主要包括以下几种。

①提供使用资源的指导语句或关键词。不管是直接将资源呈现给学生，还是让学生探究获取资源，若能提供一定的检索关键词，就都能对学生进行有效的引导。提供的这些引导，可以使学生在面对学习资源的抉择与评价时，不会有太多的迟疑与迷茫，能更好地推进学习进程。

②提供优选资源的获取方式。在开展探究类学习的过程中，学生可能会经历大量的信息资源的搜索过程。这样做往往会造成以下结果：学生无法找到优质学习资源；大量的咨询导致学生出现资讯迷失；学生在课堂上谈论一些不相干的东西。所以，若能适当地提供资源或方法，这些问题就会得到有效的解决。

③提供获取学习资源的帮助工具。向学生推荐或者提供有针对性的资源获取工具，可以提升他们的学习效率，让他们有效地找到自己需要的学习资源，这样他们可以把更多的时间和精力用在对资源进行分析上。

二、信息化教学设计的评价

（一）教学评价研究综述

2001 年颁布的《基础教育课程改革纲要（试行）》提出以下评价目标："建立促进学生全面发展的评价体系。评价不仅要关注学生的学业成绩，而且要发现和发展学生多方面的潜能，了解学生发展中的需求，帮助学生认识自我，建立自信。发挥评价的教育功能，促进学生在原有水平上的发展。"

依据教育目的对教育活动的结果进行评价的工作由来已久，但真正受到国际教育界的重视是在第二次世界大战以后，特别是 20 世纪 60 年代以来，成立了国际教育成就评价协会，形成了教育评价运动，联合国教科文组织还把教育评价的技术作为衡量一个国家教育发展水平的重要标志。进入 20 世纪 80 年代后，我国也越来越重视教育评价的研究和运用。

教学评价就是在教学目标基础上，制定出科学合理的标准，利用技术手段对教学活动过程及其成果进行计量和价值判断。教学评价在教学设计中起着极为重要的作用。

1.教学评价研究历程的回顾

教学评价的价值观不同，对教育的基本内涵的理解也就不同，并直接影响到对评价主体、评价内容和方法以及评价目的的看法。在教育评价理论和实践中，对教育评价的内涵具有不同的理解，并形成了评价思想和评价方式，可将其发展概括为如下四个发展阶段。①

（1）测量时代（桑代克时期：1900—1933 年）

存在的东西往往都有数量，有数量的东西往往都可以测量。从广义上讲，测量是根据法则给事物分派数字，教育测量则是依据一定的测量法则制作量表，对教育现象进行量化描述。

教育测验是一种以追求考察教育效果客观性为目标的活动，它以获取客观数据为目的，以客观性测验质量为第一要义。这一趋势广泛存在于我国的教育评价实践之中，也对之后的教学产生了深远的影响。这一思想和理论源于美国教育测验运动，多用于评定学生的学业成绩。但是，教育工作是由多种因素组成的，如学生学习的态度、兴趣、品行等。这些因素基本上无法通过学业成绩反映出来。因此，要衡量学生的情况，不能只通过学生的学业成绩来考查，但靠教育测量的定量分析仍是远远不够的。

（2）目标核心时代（泰勒—布卢姆时期：1934—1956 年）

目标核心时代的教学评价，着眼于教育所要达到的目的。教学评价应确定教育的目的，依据目的对教育结果进行评价，利用评价来推动教育工作接近理想目的。目标评价以实证论为特征，将评价内容划分为具体可见的、可实际操作的行为目标。评价的主要手段是专家组织测验、对具体情境下学生的行为进行观察、提问题让学生发表自己的看法等。其中以客观性、信度、效度为依据。

（3）多元化时代——第三代（1957—1972 年）

1957 年，苏联卫星率先上天，对美国打击甚大。经过一番争论，美国政府和公众把科技落后的原因归咎于教育的落后。1958 年，美国国会通过了《国防教育法》，提出新的课程研制计划，要求政府拨巨款投资于教育。在投入巨额经费的同时，政府和公众要求对教育工作实行科学评价。1963 年，美国政府正式提出要对教育的效能和质量进行评价，并拨款支持。这段时间出现了多种评价模式，教育评价呈现一派生机勃勃的局面。其中比较著名的有：

①决策评价。决策评价认为，评价最重要的意图不是为了证明，而是为了改进，评价不应单纯地以教学目标为中心，应以决策为代表的社会为中心，它是"为决策提供有用信息的过程"。美国著名教育评价专家斯塔弗尔比姆（Stufflebeam）把评价过程分为四个阶段，分别是背景评价（Context Evaluation）、输入评

---

① 荀振芳．大学教学评价的价值反思［M］．青岛：中国海洋大学出版社，2006．

价（Input Evaluation）、过程评价（Process Evaluation）和成果评价（Product Evaluation）。决策评价提出了评价形成的观念，其目的不在于论证，而在于完善；目标自身开始成为被评价的客体，超出预期目标的教学效果也开始引起人们的重视；提出了评价服务于决策的观点。

②目标游离评价。1972 年，斯克里芬（Scriven）提出了目标游离模式的评价。他表示，实际进行的教育活动除了产生预期效应外，还会产生各种"非预期效应"。教育既是科学又是艺术，而艺术是无止境的。所以，教育又并非一切条件都是预设的。这种非预期效应有正面作用，但却无法体现目标评价。基于这种看法，他提出了目标游离评价。这类评价不会因预定目标而影响评价者对更广泛可能取得成果的关注度。当然，这种评价因不受预定目标影响而操作灵活，同时也存在一定难度，这对教师的专业能力提出了更高的要求。

③系统分析评价。系统分析评价主张使用定量资料和数学技术来实现评价。里夫林（Rivlin）试图把系统论原理应用于教育评价领域，主张从系统的机能出发。他强调科学实证的方法，评价材料必须是能证实的；强调评价的定量和技术性，如借助社会科学统计软件包（SPSS）工具，通过计算机技术实现回归分析等。

（4）第四代教育评价——以人为本的评价（1973 年至今）

以人为本的评价重视在尊重个体需要与人格的基础上，通过评价来促进个体的健康发展，激发个体的学习与工作热情。第四代教育评价强调评价是一种"心理建构"过程，提倡价值多元、全面参与和共同建构，力图实现教育民主化。

价值多元，提倡在评价中充分听取不同方面的意见，并把评价看作一个由评价者不断协调各种价值标准间的分歧、缩短不同意见间的距离、最后形成一致看法的过程。全面参与，主张让参与评价的所有人都有机会表达自己的观点，并要求评价者在评价中充分尊重每个人的"尊严、人格与隐私"。不管评价者还是评价对象，都是平等、合作的伙伴，是作为具体、完整的个人而不是传统评价中的试验者与试验对象。全面参与观点，极大地提升了评价对象的地位，既重客观事实，又重方法的合理性，形成较为符合人的特点的教育评价。共同建构，把评价看成所有参与评价活动的人共同建构的过程，反对以前评价理论与实践中把评价对象排除在活动之外的错误做法。它认为，评价是参与评价的所有人特别是评价者与其对象双方交互作用、共同建构统一观点的过程。评价结果也是这些人的共同"建构物"，是其交互作用的产物。

2. 我国教学评价研究的成果

在吸收发达国家教育评价理论的基础上,我国课堂教学评价研究取得了多方面的进展,主要有以下几个方面。

(1)课堂教学评价的价值取向的研究

改革原有的教师中心模式为师生互动模式已成为共识。原有的课堂教学评价偏重对教师的教学设计、教学技能、教学组织及教学媒体的评价,忽视对学生学习过程,学生的能力、态度、情感变化,学生学习的参与程度的评价。基础教育课程改革背景下的课堂教学评价强化素养导向,注重对正确价值观、必备品格和关键能力的考查,强调课堂教学要与学生的发展相结合,"育人"重于"教书",彻底改变以往以教师为中心、以书本为中心的课堂教学评价取向。

(2)课堂教学评价强调量化与质性评价相结合的研究

传统的教学评价一直以量化评价为主导,我国在 20 世纪 80 年代兴起的标准化考试就是量化评价的典型应用。量化评价曾发挥过非常重要的作用,但随着时代的发展,它的弊端逐渐凸显,如学生的正确价值观和必备品格等方面是很难用量化的方式测量的。传统的量化评价以管理者为出发点,将师生排除在外,忽视教师和学生的需求,这是有悖于教育初衷的。量化评价严格以预期的一元标准为基准,忽视教育教学的复杂性与多元性,因此,引进新的评价理念与方法势在必行。20 世纪 70 年代以后,在各国的教育实践中都呈现出质性评价逐渐取代量化评价的趋势。质性评价以"实践理性"和"以人为本"为出发点,确定了学生与教师在评价中的主体地位,注重对教与学的过程进行记录与评价,是发展性评价、诊断性评价的结合。

(3)关注教师成长与学生发展相统一的研究

课堂教学评价体系的核心目标是促进学生健康发展。作为教学的导向,课堂教学评价体系在兼顾学生正确价值观、必备品格和关键能力养成的同时,构建了一个促进教师发展的平台,对教师的教育理念、思维方式、教育行为和反思意识提出了具体要求。这无疑对教师的成长有促进作用,同时也对教师提出了更高要求,这需要教育管理部门、培训部门等的支持才能达到。

3. 我国教学评价研究的发展趋势

(1)改变传统评价工具:变单一评价为多元评价

传统教育以选拔和升学为目的,以一张书面考卷作为评价学生的唯一工具,是应试教育的产物。这种"一刀切"的评价方式不能充分体现学生的个性和特长,更无法展现学生的创新精神和实践能力。而随着课程改革的深入，教学评价在传统评价的基础上朝评价主体多元化发展。评价的主体多元化，包括学生自我评价、教师评价和学生之间的互评。这些评价方式是对考试这种单一评价的补充，多元化的评价更有利于教师了解学生的发展变化过程，重视学生的学习过程。我们不仅要关注评价的结果，更要关注评价的过程。过程性评价有利于鼓励学生发挥自己的个性特长，激励学生积极进取、勇于创新。

（2）优化评价方法：轻分数，重素质

在传统的学生学业评价中，经常使用定量分析，由学生的得分高低来了解学生的学习情况，但学生的思维品质、个性等并不能完全反映在分数上。教育部在《基础教育课程改革纲要（试行）》中明确要求："建立促进学生全面发展的评价体系。评价不仅要关注学生的学业成绩，而且要发现和发展学生多方面的潜能，了解学生发展中的需求，帮助学生认识自我，建立自信。"所以，我们应重视定性分析的作用，采用等级制或评语制的方式调动学生的积极性，这些方式更能全面地反映学生各个方面的情况，如学习态度、兴趣爱好，针对性更强。

我们要让学生充分展示解决问题时搜集资料、推理、判断并做出结论的全过程，了解每个学生的能力和智力的发展状况，挖掘学生的潜能。只要学生在原有的基础上有提高、有发展、有创新，就应该得到肯定和赞赏。

（二）信息化教学设计的评价特征

1. 评价主体多元化

（1）学生自评：起到积极的促进作用

学生自评，指的是学生依据一定的评价标准对自身的学习效果进行评估。自我评价是自我意识的一种形式。主体对自己的思想、行为和个性特点进行判断和评价，是自我教育的重要条件。

学生个人如果能够正确地、如实地认识和评价自己，则有助于全面、正确地了解自己，同时也可以促进表达能力、思维能力和总结与归纳能力的提高，从而能正确地对待和处理个人与社会、集体及他人的关系。学生全面了解自己有利于克服自身的缺点、发扬优点，在学习、工作中充分发挥自己的作用，提高学习、工作的积极性。实事求是地评价自己是进行自我教育、自我完善的重要途径之一。

自我评价是自己行为的主要调节器。为了更好地实施自我评价，以达到期许的教学目标，一线教师在设计自评表的时候，应当提供切实可行、易于参照的评价依据，以减少或避免评价过程的不确定性，使学生真正能在自我评价过程中得到恰如其分的评定结果，促进学生的学习反思。心理学的研究表明，当学生成为学习的主人并开展自我评价时，他将不断反思自我、调整自我、超越自我。

（2）生生互评：起到积极的互动作用

在教学中，学生自评和生生互评一般是相互结合的。生生互评指在学生之间 /学习伙伴之间展开的互相评价。生生互评比较适合分组活动等互助、竞争的学习情境。生生互评的意义在于促使学生在思想的碰撞、情感的交流中，形成民主、自由、开放的学习氛围，发展交往合作的学习能力，相互取长补短，共同进步。

但是，目前的生生互评出现一些不容乐观的现象。例如，有的学生习惯于以个人的好恶来评价别人；有的学生只找别人的缺点而忽略了其可取之处；有的学生只会说"好"或"不好"，而不分析问题，使得生生之间的互评难以深入开展，也难以取得良好的效果。

为了更好地促进生生互评，提高教学效果，教师要注意"导评"。一方面，教师应该从心态上引导学生。例如，帮助学生创造一种相互信任、相互协作的评价环境；教学生学会欣赏别人，正确看待别人的优点、缺点；教导学生以一种健康积极的心态来评价……只有具备了这些积极的因素，互评才有可能达到共同提高的目的。另一方面，教师应该为学生的互评提供一个评价标准，这如同自评。一切评价总是以一定的标准为尺度的，否则会盲目地评价。例如，情感态度方面的评价，可以从学习兴趣、学习态度以及发言的次数等方面进行。

（3）教师定评：起到积极的激励作用

教师定评是由教师作为评价主体来展开教学评价，是最为普遍也最为传统的评价方式。这种评价要求教师必须深入地了解学生，必须带着爱心、带着情感去评价学生。这种评价是建立在师生平等关系上的，是交流思想、沟通情感的一种方式。由教师展开教学评价的优点在于，教师更有能力把握教学评价标准的尺度，能够依据教学实际情况灵活地调整评价要求，直接将教学评价结果转化为教学反馈和进一步改善教学的依据。在教师评价中，我们一直希望学生能得到客观、公正的评价；但在实际操作中，仍然有部分学生希望得到教师鼓励性的、理解性的评价。当然，这些评价是建立在公正、公平的基础上的。我们也不难发现，这种鼓励性、理解性的评价有利于进一步激发学生的学习兴趣，起到激励的作用。在教学过程中，教师评价更多的是通过语言来实现的。这就意味着教师应该在评价语言上多下功夫，做到激励与公正相结合。那么，在语言上应该注意哪些问题呢？

①多一点赏识与赞美。人都有被别人赏识、赞美的愿望。赏识和赞美就如润滑剂，有利于提高学生的学习兴趣，培养学生欣赏他人、相信自己、积极向上的品格。赏识带来力量，赞美带来动力。赞美学生的方法很多，如"你的想法让我很惊喜""你学会独立思考，很棒""大家在认真读书，渴望知识的热情深深地感染了我"。

②多一点理解与宽容。学生是学习的主体，他们的独特体验是一种珍贵的教育资源。所以，教师必须尊重学生的独特体验，特别是当学生的价值取向与教材、与教师的理解有偏颇时，如果能用宽容的心态去理解学生，保护学生稚嫩纯真的心，那么评价语言会亲切、真诚，如此才会让学生感受到教师对他的尊重与赏识，从而增强他们继续超越自我的信心。面对学生错误的理解，切忌出现"你怎么就是听不懂呢"一类的语言，这些语言会严重打击学生的积极性，造成学生心灵上的创伤。有一位教师面对学生的错误时，这样说："我佩服你！你有自己的想法，会思考问题。我不同意你的意见，但我佩服你敢于发表意见的勇气。"教师既宽容地看待学生错误的理解，保护了学生的自尊心，也能较好地道出正确的理解。

2. 评价项目多样化

（1）复述评价

在教学的过程中，我们发现有些学生能在卷面上完完整整地把答案内容表达出来，可是一旦要求他们用口头语言表达，表述就显得逊色了很多，更有甚者，不知所云。究其原因主要是学生没有很好地把深层次的知识理解清楚，只满足于对知识的表面理解，一旦要求其用口头语言表达就露出破绽。复述是以语言重复刚习得的知识，以巩固记忆、深化理解的心理及表达的过程。复述是一种对知识重新加工、处理的方法，它有利于学生了解知识的掌握程度，复述可以让我们进一步掌握知识。

复述可以分为重复性复述和改造性复述，而重复性复述又可以分为详细复述和摘要复述。

重复性复述可以直接引用书本的语言，必要时稍作调整。改造性复述要求在深入理解内容的基础上，通过必要的删减或是添加，最后用自己的语言组织、概括或是改编。相对于重复性复述，改造性复述对信息的加工与表达的要求更高，更会因为不同人的不同思维而造成其复述内容、方式的不同。

复述是一项综合性训练，富有创造性，能把记忆、思考、表达三者有机地结合起来，使之融为一体。记忆是复述的基础；复述有利于发展学生的思维能力，培养学生的思考能力；复述通过口头或是文字的方式表达出来，这有利于培养和提高学生的表达能力。

教师在对学生实施复述评价的时候，可以结合复述的特点，考查学生的深层次记忆能力、思考能力、表达能力，最后为学生做出一个合理、公正的评价。

（2）问题提出评价

课堂上可以通过让学生提出问题，更好地对学生的学习过程、学习态度进行评价。总的来说，问好问题和指导如何回答这些问题的能力是智力的一个必要成分，而且很可能是最重要的一部分，尽管这一点还有待讨论。学生的发问能力，既可以培养，也可以抹杀。学生提出的问题可以分为几类，如粗浅的问题、精当的问题、成熟的问题等。不论是粗浅的问题还是成熟的问题，教师都要一一判断和评价。提问最能反映学生的"所思所想"，帮助教师进一步了解学生的情况，也是一种动态的评价。

（3）答辩评价

对于一些深层次的问题，教师有必要采用答辩的方法。答辩时为了保证教师能够理解学生的回答，学生应当提出自己的证明。

答辩是在他人质疑的基础上，帮助自身对领域知识进行巩固和深化。答辩在高校教学评价中的应用，更多地出现在综合实践能力中，如应用于研究性学习的结题中。而细化到课堂中的应用，更多是通过正反方以辩论的形式出现。在辩论中，正方和反方均为学生，这样既可以锻炼学生解疑的能力，还可以培养学生质疑的能力，同时可以训练和提高学生的理解和表达能力。

教师在进行辩论评价的时候，可结合其特点，考查学生的质疑释疑能力、思辨能力、表达能力，以及精神风貌等。

（4）学生作品评价

所谓作品评价，简单说就是由学生根据所学知识（工具）创作一个作品，教师再根据作品对学生的认知、技能和情感等方面做出客观公正的评价。

作品评价法在高校的学科评价中应用得最多，一般应用于美术、信息技术、通用技术等学科中。学习作品的形成，是学生接受挑战、解决问题、完成任务的过程，凝聚着他们的各种努力和过程信息，能够比传统的纸笔测验更加真实地反映出学生的综合能力。在教学实践中，作品评价普遍受学生的欢迎。从学生的心理上讲，他们也希望自己辛辛苦苦完成的作品能够得到大家的认可。

由于学生的各项能力存在差异，所以在实施作品评价的时候，教师要注意尽量给学生对作品进行展示、说明的机会，同时要根据不同的学习内容，采取灵活的评价方式。除教师评价外，还可以结合学生互评、自评等方式。为了保证互评、自评结果的科学性，教师可为作品的评价提供评价标准。

（三）电子档案袋评价方法

1. 电子档案袋的定义及特点

传统的档案袋容器和作品多是纸质的，随着信息技术的发展，档案袋的容器发展为 DVD、CD、可移动存储设备以及网络平台，学生也可将作品和反思等以各种信息数据的形式存储于这些现代容器里，这样就形成了电子档案袋。

（1）电子档案袋的定义

研究电子档案袋多年的美国学者巴莱特（Barrett）将电子档案袋概括如下：电子档案袋应用电子技术，允许档案袋开发者以多种媒体形式收集、组织档案袋内容（音频、视频、图片和文本等）。因此，电子档案袋实际上通过构建电子化存储空间，供学生收集自己的电子作品，并促使学生在反思中不断进步。它主要由教师和学生搜集，用于存放反映学生学习过程和学习进步的各类学习成果，如文章、美术作品、文学作品、作业、试卷、评语、调查记录、照片等，可以是一学年，也可以是一个学期。

目前基于信息技术开发的电子档案袋多以动态网页的形式出现，如基于博客、用于制作网络课程或网站的软件包（Moodle）等技术而开发的电子档案袋。电子档案袋有着广阔的发展前景，将会在教育领域越来越受欢迎，得到越来越广泛的使用。

（2）电子档案袋的特点

电子档案袋是以数字化的形式记录的学生学习档案。以互联网为基础的网络化学习环境，以其强大的交互性、广泛的传播性、数据收集整理的即时性和方便性，以及快捷的数据统计分析功能，为电子档案袋的构建及使用提供了强劲的技术支持。其主要体现在：借助计算机数据库技术能够进行自动化的数据收集处理和档案管理；借助计算机网络技术能够完成学生学习行为的跟踪和记录；借助计算机的智能性可以实现自适应的学习反馈，给学生以个性化的学习指导。相对于传统档案袋，电子档案袋有着更明显的优势。

电子档案袋具有如下特点：①数字化表达；②自主选择性；③创新性构思；④过程性评估；⑤双向价值性；⑥激励与反省；⑦开放性传播。

电子档案袋除了具有传统档案袋的一般功能，还具有网络赋予的新特点，不仅使纸笔方法的功能得到极致发挥，而且收集的资料易于整理、检索和共享。

2. 电子档案袋评价的操作实践

（1）明确应用电子档案袋的目的

明确应用电子档案袋的目的，可以避免电子档案袋沦为一项忙乱而纷繁的工作。电子档案袋绝不是将学生的作品胡乱地塞进某一个文件夹的大汇总。为了真正发挥电子档案袋的作用，每一份作品样本的创建与组织都必须有很强的说服力，这样才能展示出学生朝着某一目的前进或进步的状况。

美国课程评价专家安·艾德斯布鲁克（Ann Edesbruck）和皮·帕玛里·豪柯（Pi Palmari Hauko）从档案袋的使用对象——教师出发，依据档案袋的目的、读者、证据与反思四个维度将档案袋分为过程型档案袋、作品及展示型档案袋和评估型档案袋。作者结合其分类情况，从档案袋使用对象——学生的角度出发，认为档案袋的实施具有以下三个主要的目的。

①描述学生学习与发展的目的（称为过程型档案袋）。新课程改革中要求，教学目标的设计应该重视对过程与方法的设计，过程型档案袋刚好符合这一教学目标的要求。过程型档案袋表明学生在一定时期内个人学业的发展。材料不仅包括不同时期学生的作品，还有观察或测试的结果、家长信息等一切描述学生的资料。学生的自我反省和自我评估也可以放入其中。这是一个形成性的评价过程。另外，为反映在一定时间内的进步，装入档案袋的材料并不一定是学生最好的作品，过程型档案袋也可以作为与家长交流的工具，还可以作为学生基本信息的来源。

②作品及展示的目的，着眼于学生学习过程中特定部分的情况（称为作品及展示型档案袋）。该类型的档案袋重点在于收集学生认为"好""优秀"的学习作品，反映学生进步的作品不包括在内；但要有选择这些作品的理由及反思。其内容是非标准化的，因为每个人都自由地选择需装入哪些作品。

③水平评估目的（称为评估型档案袋）。用于评估学生学习与发展水平的档案袋，其内容通常是标准化的，就像其评分过程一样。这种档案袋可用于一定时期的总结报告。学校和地方教育行政部门要解释和证实对某一教育方案评价的结果，通常把档案袋作为附加的或主要的信息来源，以反映方案的效果或课程的改进。

三类档案袋都是对现实信息的收集，不同之处在于档案袋的目的、收集的作品类型。在实际操作中，档案袋也会因为不同的评价与发展需要而建构为两种或两种以上类型的有机结合体。

（2）确定电子档案袋的主题

电子档案袋作为一种新兴的学习工具，在自主学习、探究学习、协作学习等方面有着巨大的应用潜力，体现了独特的价值。教师明确了电子档案袋合适的学习方法及其目的后，为了更好地保证其实施并取得良好的效果，可根据教学经验确定主题，也可以让学生自主选择。

例如，在高中一年级信息技术的综合活动设计中，可以以"我身边的美"为主题，描述学生身边美的作品及展示档案袋。借助学生收集到的美（如家乡美、校园美、成长美等）、思考过程及活动的反思等作品，教师能够有效地指导学生，学生也能体验到自己能力发展的历程，从而促进教学目标最大限度地达成。

（3）选择和收集电子档案袋的信息

电子档案袋选择和收集的信息具有不确定性，不同的学生收集的信息也各有不同，唯一相同的就是这些信息可进行数字化处理。此外，档案袋里面装什么与档案袋的使用目的有关。

（4）判断和评价电子档案袋的信息

档案袋评价虽然以教师自我评价为核心，但需要综合行政人员、学生和家长、专家以及他人的评价，依据多方面信息，对教师的教学与发展形成全面立体的印象，从而形成真实有效的价值判断，尤其是过程型档案袋和作品及展示型档案袋，其选择和收集的信息中包含大量的隐性信息。例如，在过程型档案袋中，学生一定时间内的变化情况资料隐含着学生的进展情况，透过这些阶段性的材料可以研究学生的学习趋势并可做出科学的预测；而在作品及展示型档案袋中，作品及展示蕴含着学生的灵感和创造性知识。因此，档案袋的评价应该注意评价的多元化和评价方式的灵活多样化。

（5）使用电子档案袋的评价结果

电子档案袋的评价是一个持久的过程，而评价结果是阶段性评价的一个节点，也是新一轮评价的起点。评价过程是教师了解学生学习与发展的过程，评价结果的使用可为持续性的过程评价提供丰富的论据支持。学习是学生的"天性"，电子档案袋能够反映出学生学习的复杂性，是学生人生观、价值观的折射，它既是结果也是学习过程。评价结果的意图不是为了证明，而是为了改进。

第三章　信息化教学环境建设

本章主要介绍信息化教学环境建设，主要从四个方面进行了阐述，分别是信息化技术与多媒体教室、信息化技术与校园网、信息化技术与数字化学习资源中心、信息化技术与计算机网络教室。

第一节　信息化技术与多媒体教室

多媒体教室也叫作多媒体演示室，是一个集成了多媒体计算机、投影、录音、录像等教学媒体的综合教学系统，能够对教学中的多种需求进行满足。其在信息化教学中占据着重要的地位，是常见的教学场所，没有学科限制，各种课程都能够在其中借助多媒体技术展开教学。教师通过运用多媒体教室开展教学，根据学生的身心发展规律、认知发展规律以及情绪发展规律对教学过程做出科学合理的调整和优化，有效提升教学水平和教学效果。

一、多媒体教室的基本功能

多媒体教室一般具有以下基本功能。

第一，与校园网络、国际互联网连接，使师生方便快捷地从中调取自己所需要的教学资源。

第二，可以连接闭路电视系统。

第三，可以演示各类多媒体教学课件。

第四，可以播放视频，供教学演示。

第五，可以投影或展示实物、模型、图片、文字等资料，为教学讲解提供方便。

第六，能将计算机信息和各种视频信号清晰地投影到大屏幕上。

第七，能够通过高保真音响系统播放各种声音信号。

二、多媒体教室的基本构成

（一）系统构成

多媒体教室系统通常是由多媒体计算机与各种视音频设备组成的，由中央控制系统集成控制。

（二）主要设备

多媒体教室主要设备包括中央控制系统、多媒体计算机、投影机、视频展示台、银幕、电子白板等。

1. 中央控制系统

整个多媒体教室中的全部媒体设备都由中央控制系统集中管理控制。中央控制系统的主机集成了红外线遥控模块、音频切换模块、视频切换模块、视频图形阵列（Video Graphics Array，VGA）切换模块和电源管理模块。红外线遥控模块控制投影机、影碟机、录像机、展示台等影音设备和遥控窗帘、空调等环境设备。音频切换模块和视频切换模块完成相应信号的切换。VGA 切换模块有两路切换，可外接手提电脑等。电源管理模块的主要作用是进行电压转换。中央控制主机通过串口和多媒体电脑、控制面板通信。一些中央控制系统还具备远程控制、状态反馈的网络型集中控制系统，该系统可将多媒体教室重要设备的运行状态实时地传送到主控制系统进行监控管理，并且可以对教室的设备进行远程控制。目前，中央控制系统管理下的多媒体教室设备大都采用一键开／关机，操作方便。

2. 多媒体计算机

多媒体计算机是多媒体教室的核心设备，多数时间处于多任务工作状态，所以在选购时就应该优先考虑稳定性和兼容性俱佳的品牌计算机。由于多媒体教室的计算机要适合不同课程的教学，在配置软件的时候要兼顾不同课程的需要。

3. 投影机

在多媒体教室所配备的各种设备中，投影机是最为重要的，其与计算机系统、所有视频输出系统及数字视频展示台相连接，能够在大屏幕上输出显示视频和数字信号。目前，根据投影技术的不同，投影机主要可以分为阴极射线管（Cathode Ray Tube，CRT）投影机、数字微镜装置（Digital Micromirror Device，DLP）投影机、液晶显示器（Liquid Crystal Display，LCD）投影机三类，各有优劣。CRT

投影机的技术比较成熟，显示的图像色彩丰富，还原性好，但其图像分辨率与亮度相互制约，直接影响了亮度值。DLP投影机的画面细腻、性能稳定，尤其在播放动态视频时图像流畅，形象自然，数字图像还原真实精确。但是在图像颜色的还原上不及LCD投影机。LCD投影机的成像器是液晶板，采用被动式的投影方式。LCD投影机的基本原理就是利用液晶模组来调变由光源射出并投影至银幕的色光。LCD投影机的投影画面色彩还原真实鲜艳，色彩饱和度高，光利用率很高。液晶投影机是目前市场上LCD投影机的主流产品，其体积小、重量轻、亮度高，实现相应连接后，可同步显示计算机显示器显示的内容，或同步显示实物展示台的教学资源（文字、图片、实验操作等）。

4. 视频展示台

视频展示台又称实物展示台，是一种新型的视觉媒体设备。它的主要工作为将展示台上的画面借助摄像头转换为视频信号，将其经由电视机或者投影机进行播放，工作原理与摄像机一致。常见的视频展示台主要有两种类型：一种是双侧灯台式视频展示台，其双侧的灯用于调节视频展示台所需的光强度，便于最佳地显示展台上的物品；另一种是单侧灯台式视频展示台，其单侧灯同样用于调节视频展示台所需的光强度，且不同展示台的单侧灯位置各不相同，但不影响教学效果。

5. 银幕

银幕是投影画面的载体，可分为正投银幕（反射型）、背投银幕（透明型）。正投银幕不受尺寸限制，但受环境光线的影响较大。背投银幕的画面整体感较强，不受环境光线的影响。现普遍使用的有白基布银幕、金属银幕和玻璃珠银幕。目前的多功能教室大都使用电动升降的玻璃珠银幕。玻璃珠银幕有一定的方向性，但有效散射视角大于金属银幕；亮度（增益）系数大于2.0，视角范围在白基布银幕与金属银幕之间。玻璃珠银幕的特点是亮度高、成像清晰，但亮度受视角影响，在一定的角度内观看效果较好。

银幕尺寸的选择主要取决于使用的空间面积及学生座位的数量、位置的安排等因素，要保证后面的学生能清晰地看到画面和文字。银幕宽高比例合适，有利于投影设备最佳显示投影信号。

6. 电子白板

电子白板是建立在大小接近黑板的普通白色书写板上的电子设备。它可以与计算机进行信息通信，二者连接后利用投影机将计算机上的内容投影到电子白板屏幕上。在专门的应用程序支持下，可以构造一个大屏幕、交互式的协作会议或教学环境。

三、多媒体教室的类型

根据教学媒体数量的多少、质量的高低、教学功能的差异等，多媒体教室可分为标准型、简易型、多功能型及学科专业型等。前文述及的多媒体教室为标准型多媒体教室，这里重点介绍其他三种类型的多媒体教室。

（一）简易型

简易型多媒体教室中常装配如下教学媒体：多媒体计算机视频展示台、录像机、影碟机、液晶投影机和银幕等。通过液晶投影机，可将来自多媒体计算机的数字信息或来自视频展示台、录像机、影碟机等的电视信号投影到大屏幕上。简易型多媒体教室中使用了液晶投影机、视频展示台。但是在多媒体教室中，各个设备都是相互独立的，因此在使用过程中会比较麻烦。

（二）多功能型

多功能型多媒体教室较标准型多媒体教室增加了摄录像装置和学习反应信息测试分析系统。

①摄录像装置。一般而言，每个多媒体教室中会置备 2～3 台摄像机对教学过程进行拍摄、录制。其所录制的视频信号会向中心控制室传递并存储，同时也被传送到多媒体教室之外的任意教学场所，以便于其他教育工作者观摩。

②学习反应信息测试分析系统。在课堂教学中，对于教师的提问，学生能够通过该系统中的应答器在自己的座位上选择问题相应的选项进行回答，系统中的计算机能够对这些回答信息实时集成分析，教师能够根据这些分析数据对整体学生和个别学生的学习情况予以了解和掌握，从而调整教学方式，开展个性化教学。

（三）学科专业型

相比简易型多媒体教室，这种类型的多媒体教室所配备的设备要多出一部分，这一部分设备主要是为了满足个别学科教学的专业需求，如生物学科的专业型多媒体教室中会配备彩色显微摄像装置。

四、多媒体教室的教学应用

多媒体教室具有强大的多种媒体演播功能、集成控制功能和网络接入功能，被广泛应用于课堂演播教学、培训、远程网络教学、会议报告和各种演示等方面。

多媒体教室用于课堂教学时，可通过文字、图形、图像、实物、电视、录像和动画等多媒体信息的演播来展示事实、模拟过程、创设情境，开展多种模式的教学。

第二节　信息化技术与校园网

校园网就是借助计算机网络设备、通信介质和相应的协议以及各类系统软件和应用软件，把学校范围内的计算机和终端设备等进行有机的集成，并且也会连接外部计算机，从而服务于教学和管理，是一种集成应用系统。对于学校而言，不管是教学，还是管理、办公，抑或是开展内部或外部交流，都能够通过校园网获得全面的支持。学校的教师、学生等能够对校园网中的教师备课教学、教务管理、行政管理、资源管理、学生学习等功能进行使用。接入互联网之后，就能够借助计算机或者其他智能终端进行远程信息交流、搜集或者共享资源。换句话说，校园网就是在学校中使用互联网技术的一个代表性方式。

一、校园网的组成

校园网主要包括硬件系统和软件系统两大部分。

（一）硬件系统

硬件系统主要为服务器、网络互联设备、网络传输媒质以及工作站等。

1. 服务器

在硬件系统中，服务器是最重要的，这也同样是校园网的核心。因此，选择服务器必须慎重，需对其处理能力和兼容性有要求，同时也需要其具有较强的可靠性和稳定性。通常而言，小型校园网中的多种应用多集中在一台物理服务器的管理上。

2. 网络互联设备

网络互联设备主要用于连接多个相对独立的网络，从而实现网络之间的资源共享。网络互联设备主要包括集线器、交换器、路由器、网关、防火墙。

（1）集线器

这是一种连接设备，能够对数个计算机和设备等进行连接，在网络的集中管理中是最小的单元。对于网络而言，集线器有着不可忽视的作用，能够优化其管理和维护指令，促使其更加稳定、可靠地运行。当校园网中有较多的计算机时，可以借助集线器进行级联使用，也可以借助堆叠集线器。

（2）交换器

与集线器相比，交换器同样有多个端口，基于其升级后的连接设备使用。交换器和集线器之间的显著区别在于如下方面。第一，两者工作机理存在差异。从工作机理看，集线器每次只可以对一个信包进行处理，在稍大的网络主干中并不能发挥优势。交换器的工作方式则是点对点的，对其剩余端口没有影响。第二，两者的宽带占有方式存在差异。集线器使用一条宽带，每个端口都是如此，交换器则是多条宽带，宽带和端口之间是一对一的，因此能够保证各端口都有充足的速率。第三，两者的传输模式存在差异。集线器的传输方式是半双工方式，每次只能在上行通过道上对一个任务进行传输。交换器则是全双工方式，数据的接收、发送能够在同一时间开展。

（3）路由器

路由器作为一种网络设备能够对数个网络或网段进行连接，且对这些网络和网段间的数据信息做出"翻译"，使其能够"读"懂彼此的数据，进而形成更大的网络。每个路由器通过与其直接相连的路由器交换信息，从而掌握这个网络的拓扑结构，建立和维护一个路由表。路由器根据路由表把从每个输入端口到来的分组转发到输出端口。从这个意义上讲，路由器有数据通道功能和控制功能。

路由器的存在可减轻主机系统对路由器管理的负担，能提高路由器管理效率。路由器分本地路由器与远程路由器两种。前者提供的安全级别比网桥高，而后者是使用地理位置分离的局域网进行通信，对网络有更大的控制权。路由器支持各种局域网和广域网接口，具有更强的异种网互联能力。

（4）网关

网关也称协议转换器或信关，是互联网工作在开放式系统互联通信参考模型（OSI）传输层上的设施。它不仅具有路由器的功能，而且能对两个网段中使用不同传输协议的数据进行翻译转换。常见的网关类型有局域网网关和互联网（Internet）网关。前者提供局域网之间数据传送的通道，后者将非传输控制协议/因特网互联（TCP/IP）协议转换为TCP/IP协议等。

（5）防火墙

防火墙指的是一个由软件和硬件设备组合而成、在内部网和外部网之间、专用网与公共网之间构造的保护屏障。它最基本的功能就是控制在计算机网络中不同信任程度区域间传送的数据流。可以基于防火墙配置一切安全软件，包括口令、身份认证、审计等。

3. 网络传输媒质

网络传输媒质是网络中连接接收、发送双方的物理通路，也是通信中实际传送信息的载体。其性能评价指标包括传输距离、抗干扰性、带宽、衰减性、性价比。根据传输媒质形态的不同，传输媒质可分为有线传输媒质（主要是双绞线）和无线传输媒质（主要是光纤）。双绞线是目前局域网中使用最多的传输媒质。光纤具有很高的传输带宽，损耗极低、抗干扰能力强、保密性好，但其价格高、安装复杂，发生故障时难以诊断和修复。

4. 工作站

工作站主要用于将服务请求发给服务器，以及接收传递给用户的数据。工作站有两种类型：一为普通工作站，配备网络接口卡，与作为服务器的计算机相比，性能较差，能够以单机运行的方式使用户开展工作，且在接入互联网后能够访问网络资源；二为无盘工作站，无盘指的是没有磁盘驱动器，但是有剩余的键盘、显示器、内存和中央处理器（CPU）等部件，这是针对网络使用目的而进行的专门设计，能够有效增强网络安全。

（二）软件系统

校园网上运行的软件主要有两类：系统软件和应用管理软件。

1. 系统软件

系统软件分为两部分——网络操作系统软件和网络应用系统软件，其作为支撑服务系统，能够为校园网硬件正常工作提供保障。

网络操作系统软件是一种运行在网络硬件设备上，为网络用户提供共享资源管理服务、基本通信服务、网络系统安全服务及其他网络服务的系统软件。网络操作系统软件是校园网软件环境的核心部分，其他应用系统软件都必须有网络操作系统的支持才能运行。

网络应用系统软件是校园网的重要组成部分。常用的应用系统软件有服务器软件、数据库软件、客户端网络浏览器软件以及电子邮件服务器软件等。

2. 应用管理软件

应用管理软件是指依据特定的校园网所要实现的功能而配置或专门设计开发的一类软件，如学生成绩管理软件、图书管理软件等。

二、校园网的特点与主要功能

（一）校园网的特点

校园网具有用户数量大、网络负荷高、利用率高的特点。

校园网是一个相对较大的局域网，同时支持成千上万的用户上网。要实现视频点播及多媒体网络教学，多媒体信息量就会大大增加。因此，对网络的带宽要求比较高，网络管理及维护的工作量也比较大。校园网是学校信息化的基础设施，被频繁用于学校日常教学、科研和管理中，所以网络的利用率较高。

（二）校园网的主要功能

校园网的功能主要体现在信息交流服务、多媒体报告厅（教室）、多媒体网络教室、教师备课室、电子图书馆、电子阅览室、教学实时监测室、校园卡环境等方面。

①信息交流服务：主要是互联网信息服务与校内信息服务。

②多媒体报告厅（教室）：利用声、光、电技术营造沉浸式氛围，借助网络技术在教学中使用校园网资源，获得良好的教学效果。

③多媒体网络教室：能够满足学生自主学习、小组形式学习和班级学习的需要，使学生能够充分利用校园网和互联网中的学习资源。

④教师备课室：具备教师需要的网络资源和工具。

⑤电子图书馆：能够把资料从图书形式变为数据存储于磁盘中，如超星、万方、维普等电子书库或者中国期刊网。

⑥电子阅览室：学生能够查找和学习电子书以外的其他多媒体学习资源。

⑦教学实时监测室：能够对课堂教学进行实时监测，可用于优质课件的制作，以及网络直播教学。

⑧校园卡环境：一般会综合智能卡技术与校园网技术来研制校园卡系统，系统具备学生证、上机证、借书证、就餐卡多重功能，可以促进管理信息化。

三、校园网的教育应用

一般而言，校园网的功能有内外之分，对内以教学、科研和行政管理为主，对外则通过互联网建立远程访问系统，实现师生的远程访问以及远程教学。具体来说，校园网的教育应用主要体现在以下几点。

（一）应用校园网对教学过程提供直接支持

校园网可以为教师制订教学计划和开展备课、授课活动提供网络环境。教师可以通过校园网进行网上教学，与学生进行互动，通过校园网给学生布置作业以及进行网上答疑等。学生不仅可以通过校园网接受指导和获取新知识，而且可以通过网络课件进行自主学习，与教师和同学进行网上交流。

（二）应用校园网支持学校的日常办公和管理

建立在校园网络基础上的学校管理信息系统可以为学校在人事、教务、财务、日程安排、后勤管理等方面提供一个先进的分布式管理系统，使学校内部真正实现无纸化办公，节约开支。利用校园网，学校各部门均能方便、快捷地获得其他部门的信息，提高工作效率；利用校园网，学校各部门可以进行信息共享、融合，提高透明度。

校园网络具有通信功能，可以向学校各部门和教职工、管理人员发布各类通知、布告等信息，甚至可以召开电子会议。

（三）校园网可以与互联网连接

与互联网的连接是校园网的重要应用之一。校园网不仅能提供区域性的教育资源传输和共享，还能实现与互联网的连接，实现基于互联网的通信与资源共享；能将教育部门、学校、家庭之间连接起来，实现三者的相互沟通；能提供多种网络信息服务，包括互联网服务与教育卫星、电子公告和视频会议、集成电路卡服务及校外服务等。校园网与互联网连接极大地拓展了师生获取信息的途径，增强了校内外的沟通，并且可以自由地发布教育信息。

此外，利用校园网还可以建立数字图书馆，为学校的教学、科研及管理提供图书情报资料服务，使师生方便地共享各种资源。

总之，使用互联网和校园网的最终目标是优化教学过程和教学资源，以达到教学效果的最优化。

第三节　信息化技术与数字化学习资源中心

随着网络技术的发展，数字化学习日益成为一种新的学习趋势，数字化学习资源成为学习者获取知识的重要来源。在信息技术的支持下，学习资源经过数字化处理，依据学习者特征进行编辑，可以在多媒体计算机上或网络环境下运行，供学习者自主、合作学习，且可以实现共享，由此形成数字化学习环境。在这个环境中，数字化学习资源中心存放着一大批有合理编目和索引的各种学习媒体资源，并配有视听设备、计算机终端、外连接口和其他支持多媒体的设备，如数字图书馆、虚拟实验室等。利用数字化学习资源中心可以开展多样化的学习活动，有利于培养学生个性化自主学习能力和研究性学习能力。

一、数字图书馆

数字图书馆是一种将图文并茂的文献以数字化形式存储的信息系统，能够利用数字化技术对图书信息进行获取和查阅。它能够突破空间和载体的限制，借助数字技术对各种信息资源进行处理和存储，使所有人都能够在任何时间和任何地点，通过网络对图书进行查询、阅读和传播。数字图书馆又称虚拟图书馆，电子信息中心和电子杂志中心成为数字图书馆的重要组成部分。

（一）数字图书馆的主要功能

1. 基本功能

数字图书馆提供的对外服务是以先进的网络环境为基础的开放服务。数字图书馆系统采用浏览器/服务器的方式，向终端用户提供数字图书服务。理论上而言，数字图书馆是一种引入管理和应用数字化的物理信息对象的方法，具有以下五项基本功能。第一，将各种信息资源的载体数字化。例如，对各种文化遗产的珍本、善本用扫描仪进行数字化处理。第二，可以储存大量的数据，并进行有序、有效的管理。互联网数据中心作为新兴技术，能够对存储局域网、网络附属存储或集群存储等进行存储，在海量信息存储方面具有很大的优势。第三，能够对有效访问和查询进行组织，在多媒体数据中能够使用分类功能、内容查询和导向工具。第四，能够借助网络对数字化资料进行发布和传送。第五，能够借助系统管理，实现版权保护。

2. 社会功能

数字图书馆是传统图书馆的创新与发展，是传统图书馆自动化发展的高级阶段，因而具有传统图书馆的社会功能。第一，为个人以及社会的发展提供动力。一方面，数字图书馆就像传统图书馆，能够成为个人学习、实现终身教育的平台。另一方面，数字图书馆的数字技术为知识的储存提供海量的空间，也打破了知识传播的时空限制，使人们更有效地利用知识，从而推动社会的进步。第二，有助于消除信息鸿沟，实现信息公平，使不同区域得到均衡发展。数字图书馆实现了信息资源的共享，这使不同区域、不同国家的人可以跨越时空限制公平、公开地获取信息，有效消除信息鸿沟。第三，开展网络导航，净化网络信息资源环境。网络信息资源来源多种多样，繁多而浩大，但大部分信息都没有经过规范的加工和整理，使用户在浩瀚的信息海洋里无法快速寻找到目标信息。而数字图书馆则承担了信息组织加工的整理工作，把杂乱无章、分散的网络信息集中起来，有规律地对其进行分类、过滤，将有价值的信息传递给用户。第四，开发智力资源，利用网络资源进行教育。开发智力资源，主要是开发馆藏文献资源、网上信息资源、用户的智力，培养用户科学思维的能力。数字图书馆将有用的网络资源传递给用户，充当了信息传递的中介角色，由此应担负起教育者的角色，即向用户介绍网络信息的概况，传递与信息相关的法律规章制度，介绍信息检索方法等，帮助用户快速地检索到目标信息。另外，数字图书馆还指导用户如何使用检索工具、软件，如何使用新型媒体。第五，开展社会教育。数字图书馆存储的知识信息几乎包括所有的学科专业，包括不同深度的内容，能满足各类专业、各种职业、不同文化程度用户的需要。它通过数字化、网络化的传递手段，进行网上教学、远程教育，因而可以真正成为"无围墙的大学"。从这个意义上讲，数字图书馆不仅是一种重要的社会教育机构，也是学校教育的重要组成部分。第六，传递适用信息。数字图书馆收藏了各种各样的信息，包括政治、经济、文化、科技、生活等普通信息。通过对信息加以整理，开发信息产品，数字图书馆还可以面向领导机关传递决策信息，面向生产技术、科研单位传递科技信息（含工艺、标准、专利、图纸等），面向投产、营销企业传递市场信息，面向城乡居民传递投资、消费、商品质量信息，面向农村农业发展传递种养与加工技术信息。第七，提供文化休闲服务。数字图书馆中的各种知识，可以满足各类人群的需求。文学艺术类知识可以使人们得到精神享受。用户还可以利用数字图书馆听音乐、看电影，以获取精神愉悦。此外，数字图书馆还具有通信功能与宣传功能，以及保存人类文化遗产等功能。

（二）数字图书馆的特点

数字图书馆具有以下几方面的特点。

1. 信息处理的数字化

传统图书资源一般存储的是印刷品，而数字图书馆的所有资源均以数字形式存放在物理介质上。经过数字化处理的信息，保存期长，并且可以在互联网上传递，方便用户远程检索。

2. 信息传递的网络化

计算机网络是数字资料传输的通道。基本的传输网络是数字资料有效传输的环境。只有在高速的网络环境下，才能进行多媒体传送乃至视频点播等数据量非常大的服务。用户可以通过本地局域网、有线电视网和互联网来获取各种数据信息，尤其是通过国际互联网，在任何时间、任何地点都可以进入数字图书馆，获取满足自己需求的信息内容。

3. 管理的数字化

数字图书馆是计算机管理与网络管理的有机结合，每一个图书馆使用者都具有一个对应号码，每一本图书、每一份资料都具有一个对应号码，这样利用数字就可以管理所有的使用者及所有的图书馆资源。

4. 信息检索查询方便有效

数字图书馆的信息获取方式是通过现代化技术手段并使用专门的读取设备，将用户和各个信息服务中心连接起来，提高检索效率和传播效率。图书查询服务利用各种查询方式帮助用户便捷地查询图书。如果不知道书名，还可以用作者查询或模糊查询，还有主题词、关键词及索书号等其他查询方式，查询结果会以尽可能详细的分条目形式展现给用户。如果某家图书馆没有所需资料，重新输入一个网址，即可到另一家图书馆查找。

5. 信息资源的开放性

数字图书馆是基于网络的系统，由于网络的开放性，有相应权限的用户可以在任何地方、任何时间通过上网获得查询信息、预约文献及漫游浏览各种信息等多种服务。这些服务是多方面、多形式及多层次的。数字图书馆可以为所有人服务，没有人数、开放时间的限制。

6. 信息资源的及时性

数字图书馆可以让用户了解到最新的科技动态，学习最新的科技内容，而传统实物图书馆则因为图书出版周期等问题，往往不能使读者及时了解最新的发展动态。

7. 信息的安全及用户权限管理

为防止非法访问，确保资源不被滥用，数字图书馆非常重视各种用户权限的管理及版权问题，如标记数字化图像的技术和类似水印的加密技术等。

8. 系统的局限性

数字图书馆也有一定的局限性，如数字化文献必须借助一定的硬件设备和软件才能被用户利用。另外，由于数字图书馆还是一个开放性的系统，复制成本低，所以知识产权容易受到侵犯。

（三）数字图书馆的教育应用

数字图书馆应用于教育领域，主要服务于科研、教学、素质教育、远程教育这几个方面。

1. 科研

科研课题的开展需要大量的信息资源作为支撑。通过数字图书馆，研究人员可以快速地获取到最新的、最前沿的研究动态和研究进展资料，从而使零散无序的信息变成整体有序的宝库，让数字图书馆充分发挥其科研服务的功能。

2. 教学

数字图书馆中丰富的学科资源是教师备课和开展教学研究活动的主要资源，教师从学科资源中下载自己所需要的素材，经过加工整理，最后形成 PPT 课件或者基于网络的计算机辅助教学（CAI）课件、专题学习网站及网络课程等网络教学资源，用于教学或供学生在线学习。

3. 素质教育

数字图书馆为开展自主探究式学习、专题研究式学习和小组项目协作式学习等多种学习模式提供了丰富的资源，为开展多种素质教育活动提供了良好的环境，有利于培养学生的信息素养、学习能力、合作能力和创新能力。例如，利用数字图书馆开展问题探究式学习，可以充分发挥学生的主观能动性，培养学生的探究能力、自学能力及协作能力等多方面的能力，使学生掌握的知识量呈倍数级增加，而且使知识更易于记忆和理解。

4. 远程教育

大型联网图书馆有丰富多彩的网络学习资源，如网络期刊、电子图书、参考工具资料、政府信息、新闻、图书馆网上公共目录、学位论文数据库、电子论坛及各类网络学习资源指南等，为人们终身学习和实施远程教育提供了丰富的信息资源，学生在如此海量的信息中将会如鱼得水。

从教育角度看，数字图书馆是一个巨大的教育资源库，同时也为学生提供了一个良好的学习环境。数字图书馆不仅给学生带来学习资源，还带来了信息时代的学习观念、习惯和模式。在新学习理念的指导下，学生的探究性学习、自主性学习及合作性学习等学习模式将日益普及与流行，学生的科研、协作、自学等能力将得到有效的培养。

（四）我国主要的数字图书馆

我国主要的数字图书馆有中国数字图书馆、超星数字图书馆、中国期刊网。

在三大数字图书馆中，中国数字图书馆是规模最大的。其内容丰富，包括经济、文学、计算机技术、历史、医药卫生、工业、农业、军事及法律等多个门类，并且其站内图书仍在持续增加。

超星数字图书馆包含数十个分馆，如文学、历史、法律、军事、经济、科学、医药、工程、建筑、交通、计算机和环保等，站内数字图书种类超出十万。涉及的学科类型有五十多种，如哲学、宗教、社科总论、经典理论、民族学、经济学、自然科学总论、计算机等。

中国期刊网的编辑者和出版者为中国学术期刊电子杂志社，核心为《中国学术期刊（光盘版）》全文数据库，如今已发展为"中国知网"。站内期刊多数能够追溯到1994年，且少数重要刊物可以追溯到创立之时，并收录了大量的优秀硕博士学位论文，覆盖了理工、社会科学、电子信息技术、农业、医学等专题。数据每日更新，支持跨库检索。中国期刊全文数据库采用有偿服务的方式，为人们提供资料和大量的信息。

除以上几个规模比较大的数字图书馆，我国很多单位、教育机构建立的数字图书馆也处在不断完善与发展之中。

二、虚拟实验室

虚拟实验室是指在软、硬件结合的前提下，用户通过网络访问虚拟系统，运用各种虚拟实验仪器等设备，对建立起来的实验室模型进行实时仿真的虚拟教学环境。

（一）虚拟实验室的组成

虚拟实验室由虚拟实验台、虚拟器材库和开放式实验室管理系统组成。虚拟实验台与真实实验台类似，可供学生自己动手配置、连接、调节和使用实验仪器设备。教师利用虚拟器材库中的器材自由搭建任意合理的典型实验或实验案例。归结起来，虚拟实验室是由硬件体系、软件体系构成的。

1.硬件体系结构

硬件体系结构由服务器、数据库系统、实验仪器及合作工具、客户端终端机组成。

（1）服务器

服务器用于处理大量模拟操作数据，可以选用电脑服务器（PC Server）或互联网技术服务公司（SUN）、国际商业机器公司（IBM）小型机等，具体配置可根据实验室的建设规模、实验室类型及经费等决定。

（2）数据库系统

用于存储模拟数据初始条件和边界条件以及实验结果数据。

（3）实验仪器及合作工具

具有计算机接口并且连接于网络。

（4）客户端终端机

任何连接到网络的用户都可以通过客户端浏览器方便地进入虚拟实验室管理界面，根据不同的训练内容或课题内容需要进入不同的实验室空间，实现在线浏览、在线仿真、在线控制及下载软件至客户机。在本地进行仿真或进行远程控制，还可上传文件至服务器，实现与其他用户的在线交流等。

2. 软件体系结构

虚拟实验室的软件体系结构包括管理系统、实验系统及帮助系统三类，每个系统又由很多子模块构成。

（1）管理系统

管理系统包括系统管理、工程管理、用户管理、教学管理这四个功能模块。

（2）实验系统

实验系统是实验教学的核心，包括六个功能模块：共享资源模块、实验教学工作模块、教师工作模块、学员置疑模块、讨论区、网上考核系统。

（3）帮助系统

帮助系统的构成要素包括系统用户手册、实验模块、功能使用帮助等，其主要功能是根据用户的水平自动提供一些在线问题解答或指导。

（二）虚拟实验室的主要功能

虚拟实验室主要有以下几方面的功能。

1. 学习功能

让学生通过使用虚拟仪器或模拟装置来熟悉实验过程，掌握相关技术，从而在单独使用模拟环境时能进行各种实验操作。

2. 辅助设计功能

在分布式网络环境下，运用辅助设计软件进行系统的设计与分析。例如，电子设计自动化（EDA）模拟软件可以将仪器、仪表、模拟器件、数字器件等直观地反映在计算机屏幕上，使学生可以灵活地改变电路结构和参数，反复观察实验的结果。

3. 协同实验和研究功能

网络虚拟实验室利用当前网络技术和设施，使参与实验的人员远程相互合作进行实验研究，为分布在各地的研究人员提供一个共同解决问题的环境。

4. 仿真研究功能

虚拟实验室可以根据人们的设想完成现实实验无法完成或者成本很高的实验项目，如武器效能评估、车辆碰撞效果分析等。

（三）虚拟实验室的主要特点

虚拟实验室主要具有以下特点。

1. 开放性

建成虚拟实验室后，开展网上实验具有了很大的开放性，实验者不再受空间和时间的限制，可随时随地进入虚拟实验室网站开展各种实验活动。

2. 经济性

传统实验需要借助具体的实验设备，这些实验设备大多价格昂贵，且损耗大，是一般学校难以承受的。而网络中的虚拟设备则克服了这些不足，能够供教学反复使用，提高办学效益。

3. 共享性

基于网络的虚拟实验室，不仅可以供本校学生使用，也可以供其他学校学生使用，从而使不同学校之间可以共享资源、优势互补以及交流经验。

4. 交互性

学生与教师之间、学生与学生之间可以充分利用网络通信功能，进行实时或非实时的交流，便于解决问题和协同实验。

5. 协作性

在协同虚拟环境技术下，可以实现合作实验、远程实验、协同研究等。

6. 安全性

实体性的实验室，危险性比较高，一旦操作出现失误就很容易造成人身伤害、财产损失，而虚拟实验室能够有效地规避此类风险。

（四）虚拟实验室的教学应用

虚拟实验室的教学应用主要表现在以下几方面。

1. 开发高新技术的虚拟实验

由于虚拟实验室不受现实设备环境的限制，可以采用基于网络的虚拟技术开发现实中由于受经费或场地限制一时无法实现的高新技术实验，引导学生接触新知识、新技术，开发学生的智能。

2. 建立新型实验场所

虚拟实验室利用多媒体技术、仿真技术与虚拟仪器技术等，设计各种仪器设备。这些仪器设备并不是实体的，而是根据教学需要"生成"的。

3. 进行远程实验教学

在有限的资金下，基于虚拟实验室为学校创造了一个先进而又灵活的实验教学环境。课堂教学不再局限于有形的实验室，通过互联网实现了远程实验教学。

第四节　信息化技术与计算机网络教室

计算机网络教室是目前国内各类学校广泛使用的一种网络教学系统，它利用网络技术和多媒体技术将若干台多媒体计算机及相关网络设备连接成一个小型局域网，集普通的计算机机房、语音室、视听室、多媒体教室等功能于一体，为提高教学质量、建构协作化学习环境奠定了良好的技术基础。

一、计算机网络教室的系统构成

（一）硬件构成及分类

计算机网络教室的硬件构成主要包括服务器、多媒体教师机、多媒体学生机、交换机等。网络机房中教师机和学生机等网络设备的布局方式一般有普通教室型、U字型、小组协作型、综合型等。具体实施时可依据教学需要和教室的空间结构等因素设计摆放格局。

1. 普通教室型

普通教室型计算机网络教室是在普通机房中安装一台投影机、一个大银幕以及一台多媒体教师机，如图 3-1 所示。这种类型的网络教室大多用于以教师为中心的课堂讲授和演示，也可用于创设支持学生自主学习的情境。这种类型的网络教室结构简单，投资较少。

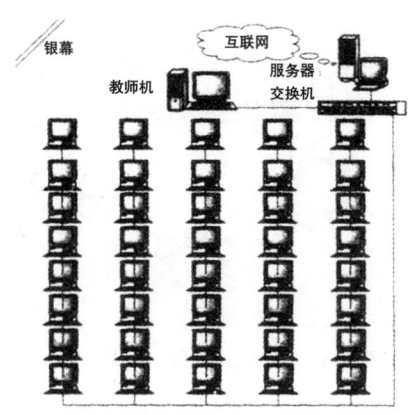

图 3-1　普通教室型计算机网络教室

2. U 字型

U 字型计算机网络教室打破了普通机房的布局，将学生机布局为两边机器靠墙，中间机器背靠背，如图 3-2 所示。这样教室里可以有宽敞的过道，便于教师与学生交流，进行个别辅导。

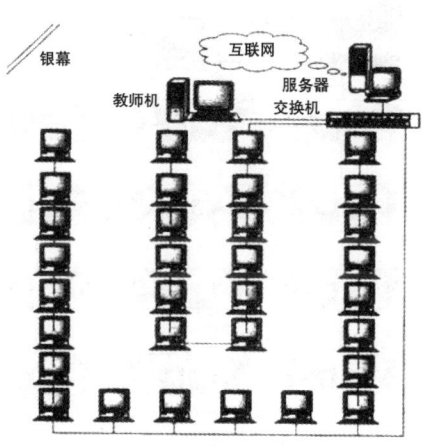

图 3-2　U 字型计算机网络教室

3. 小组协作型

小组协作型计算机网络教室以方便学生开展小组协作学习为目的，依据教室的面积和结构，将若干台学生机布局成环状结构，如图 3-3 所示。

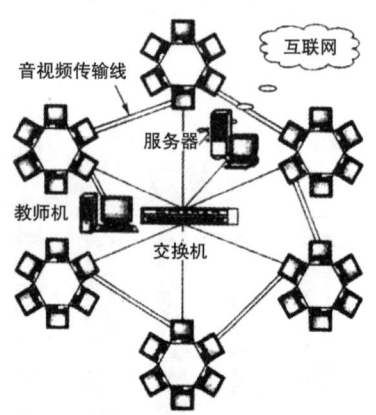

图 3-3　小组协作型计算机网络教室

4. 综合型

综合型计算机网络教室综合了普通教室型和小组协作型计算机网络教室的优势，如图 3-4 所示。这种类型的计算机网络教室既可以支持以教师为中心的课堂讲授和演示，又便于开展小组协作学习。

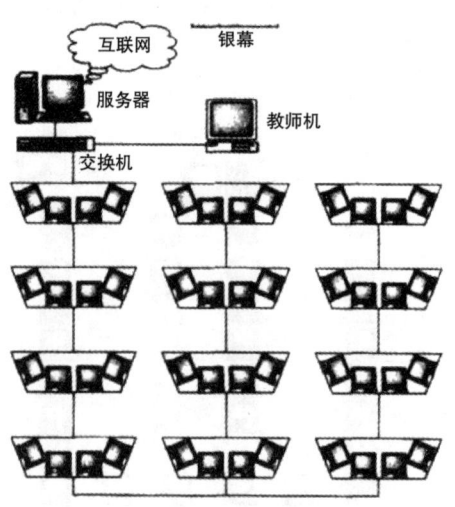

图 3-4　综合型计算机网络教室

（二）软件构成及分类

1. 系统软件

系统软件主要是指师生使用的操作系统。服务器还应安装代理软件，使学生机用户可以通过服务器访问校园网或互联网。

2. 网络教学系统

网络教学系统是指在计算机网络系统的基础上为了开展网络多媒体教学所提供的控制系统。按照控制信号传输方式的不同，可以将计算机网络教室的教学系统分为以下两种类型。

（1）基于软件方式的多媒体控制

在计算机局域网的基础上，基于软件方式的多媒体控制教学系统利用专用的软件进行教学控制和数据传输。这种方式是目前网络教学系统的发展方向，常见的产品有 Lan Star（多媒体教学网络系统，是一套多媒体教学平台，包含影音广播、教学辅助、教学监控、系统管理四大工具群）、四海多媒体网络教室、红蜘蛛多媒体网络教室、赛思多媒体网络教室等。该方式无需额外的硬件设备，成本低、容易升级。但系统太依赖于操作系统及网络性能，因此在稳定性上稍有欠缺。

（2）基于硬件方式的多媒体控制

基于硬件方式的多媒体控制教学系统需要给每台计算机安装多媒体传输卡。该教学系统在各计算机之间直接铺设多媒体线路传输音视频信息，配置专用的控制面板，用于教学控制。不过，基于硬件方式的多媒体控制教学系统费用较高，目前已逐渐被软件方式代替。

二、计算机网络教室的功能

虽然计算机网络教室既有基于硬件的，也有基于软件的，但是从用户的角度来看，它的功能主要有教学功能、示范功能、交互控制功能、监视功能、学生控制功能、分组讨论功能、电子举手功能、快速抢答功能，此外，还有学籍管理功能、联机考试功能、专业化网络连接考试功能、媒体控制功能、数码录音功能、自动辅导功能等。

三、网络教室的典型类型——语言实验室

语言实验室又称语言学习系统，主要用于语言教学、训练和研究等，最早是由录音机、耳机等听觉设备与教师工作台组合而成的，如今已由最初的听音型语言实验室向视听型、网络型语言实验室发展。

（一）语言实验室的类型

语言实验室有很多不同的种类，常见的有以下几种类型。

1. 听音型

听音型语言实验室只有单向语音传输功能，如图3-5所示。听音型语言实验室通常有两种组成方式，即有线听音式、无线听音式。在听音型语言实验室里，教师通过控制台上的话筒进行讲授，而师生之间、学生之间不能进行互动，学生也无法检测自己的发音是否正确，但是其设备简单、使用方便，因此在教学中的应用比较广泛。

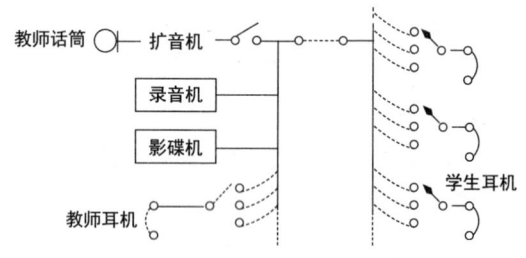

图 3-5　听音型语言实验室

2. 听说型

听说型语言实验室兼具放音和师生对话功能，师生均有耳机和传声器，一般还设有隔音座位。但是学生座位上没有录音机，所以学生无法自录，也就无法完成听说对比练习。

3. 听说对比型

听说对比型语言实验室除师生能够对话外，学生可以录制教师播放的录音教材和自己的口头练习，以进行对比，如图3-6所示。

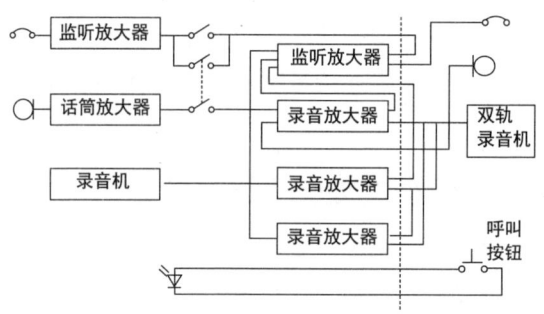

图 3-6　听说对比型语言实验室

4.视听型

视听型语言实验室其实就是多媒体学习型语言实验室，它在听说对比型的基础上，在多种多媒体教学软件的支持下，可同时播放幻灯片、视频等视觉信息，语言情境真实、生动。

（二）语言实验室的教学功能

基于网络教室的语言实验室具有多种功能和交互作用，学生可以选用难易不同的教材。教师通过监听学生的学习，有针对性地进行个别通话辅导，实现因材施教。由于多媒体系统具有交互性，可以直接进行双向交流，可以促进学生进行探索式、发现式学习，能营造不断提出问题的氛围，能充分调动学生学习的积极性。此外，语言实验室教学还具有即时反馈与评估的功能。具体而言，基于网络的语言实验室可以展开语音语调训练、听力训练、会话训练、句型训练、跟读复述训练、口译训练等教学功能。

第四章　信息化时代的学习方式

随着社会的不断发展，当今各界的学习方式也呈现出信息化的趋势。本章主要介绍信息化时代的学习方式，主要从两个方面进行阐述，分别是信息化学习方式的内涵、信息化学习方式的发展与误区。

第一节　信息化学习方式的内涵

对于信息化学习方式的内涵，国内外不少专家、学者提出了自己的理解。李芒和陈维超提出，信息化学习方式是指借助信息技术进行的学习[1]，是利用信息技术进行有效学习所表现出来的学习活动。侯巧珍把教学过程中借助信息技术开展、进行的学习称为信息化学习方式[2]。唐鸣从技术视角提出了信息化学习的"环境理论"，认为信息化学习即信息化条件下的学习，学习环境是一个包含教育观念、学习方式、学习资源等多种因素的系统，是一个复杂的概念。因此，信息技术作为一个宽泛的语境，可以是一个个具体的技术，也可以同时在学习中被师生不断应用，不断地与课程（学习内容）相融合，形成新的学习环境。[3]

由于受到人类技术发展的影响，信息化学习方式得以产生和发展。[4]如今信息化时代已经来临，学生在教学过程中的主体地位已经被重视，并且正在被加强。学生发挥自主能动性，掌握适合自己的信息化学习方式，有助于对自己偏好的学习内容进行更加高效和更加容易的理解、内化和掌握，而不像传统学习方式一样做知识的被动接受者，完全按照教师的安排学习。立足于现代学习观，学习是学生自主进行教学实践并主动对知识进行构建的过程，是一个能动的改造过程，同

---

① 李芒，陈维超.信息化学习方式的理论阐释［J］.开放教育研究，2006（2）：18-22.
② 侯巧珍.基于信息化学习方式的新型实践教学模式探究［J］.中国管理信息化，2015，18（24）：256-257.
③ 唐鸣.技术视角上的信息化学习研究［J］.电化教育研究，2014，35（8）：11-16.
④ 李芒，郑葳.信息化学习方式的历史审视［J］.电化教育研究，2006（5）：3-9.

时是一个社会性的交往过程。现代信息化学习是学生在教师的指导下通过实践活动，在合作、交往的基础上主动构建知识和发展自我的过程。[①] 信息化学习方式是以现代信息意识为指导的，借助信息技术，开展有效学习、深度学习。其本质上就是信息时代学生的信息化生存，是融合了学习活动和现代信息技术的一种表现形式，也是其融合的必然结果。

南国农先生在研究中深刻地分析了信息化学习的目的，主张进行信息化学习的目的是追求教学的最优化。当前信息量呈现爆发式增长，知识更新和淘汰的速度越来越快。学生在学习活动中不能将目标简单地设定为对知识和技能的理解和掌握，而是要对学习方法、思维方法进行掌握；同时社会分工越来越细致，学生不仅要学会使用知识，还要能够和他人沟通、合作。上述要求很难通过传统学习方式得到满足，所以伴随信息化时代的发展，学习方式必然会变革。

第二节　信息化学习方式的发展与误区

一、信息化学习方式的发展

在课堂教学中使用信息技术对传统学习方式造成极大的冲击，催生了大量的新型学习方式。这些新型学习方式的突出特点在于，有效发挥了信息技术的优势，从而将传统学习中仅为幻想的做法转变为现实，增强了学习效果。

近年来，计算机、多媒体、移动设备作为学生认知工具的意义越来越得到教育界的重视。认知工具在学习中的应用变革对学生的学习方式产生了巨大影响，其中，基于互动媒体的学习方式、基于多媒体技术的学习方式、基于移动技术的学习方式以及基于翻转课堂教学的学习方式，是目前高校课堂中应用比较广泛、广受教育界关注的创新信息化学习方式。可以说，信息技术的发展为信息化学习方式提供了坚实的物质基础。"实体性技术"在不断发展，这极大地促进了学习方式的多样化。但是学习有其自身的发展规律，单纯的技术支持无法促使信息化学习良好发展，除了这一物质支持，还需要对其思想支持加以重视，这是每一个教育工作者需要不断思考和探索的内容。

---

① 李芒. 学习生存性视域中的信息化学习方式 [J]. 北京师范大学学报（社会科学版），2007（5）：38-43.

二、信息化学习方式的误区

如今还存在很多对信息化学习方式的错误认知。例如，为了进行信息化学习，而在学习中不加分析和选择地使用信息技术，盲目使用技术，忽略了学习才是信息化学习的本质。黄济和王策三指出："在运用现代化教育手段的过程中，也遇到一些麻烦，也出现盲目乱用的情况，如盲目迷信技术、追求最高级的技术等。"[①]这一问题反映出了教师没有正确地理解信息化学习的本质。追根溯源，信息化学习的落脚点在于学生在学习时使用技术可以收获何种体验和效果。如果教师在课堂教学中盲目侧重于信息技术的使用，只用于调动学生的学习兴趣，而忽略了学生的认知能力和水平，没有将教学核心放在对问题的发现、认识和解决上，没有使信息技术和学习过程实现深度融合，那么信息化学习就失去了媒体数字资源以及信息互动技术对学生问题解决、人际交往、情绪与动机激发的支持意义。广大教师应该对信息化学习从正反两方面进行双向思考，从反面观察信息技术在学生学习过程中带来的影响，思考信息技术真正融合于教学的和谐关系如何才能实现。所谓"异化现象"和"信息崇拜"现象，正是对信息技术作用的无限夸大倾向，对信息技术给予过高的期望，把技术凌驾于人之上，忽视教学中最基础、最根本的人的问题，致使人的主体性和能力受到严重挤压才产生的。

信息化学习不可避免地要探讨人与技术的关系，工具固然重要，但掌握工具的人更重要。技术本身不能保证实现高质量的学习活动，教师和学生如何利用现有的技术决定了变革性的学习活动是否会发生。真正的信息化学习方式以有效学习为前提，能够学习和有效学习具有很大的不同。正规学习活动本身具有一定的规律性，需要特定的环境和条件，需要学生的主动认知构建和有意义学习的支撑，而不是漫无边际的、理想化的、娱乐化的信息技术应用。若要真正提高学习的成效，必须进行有目的、高效、有组织的学习。确切而言，信息技术确实让一些过去无法实现的先进教育教学观念得到应用成为可能，但信息技术并没有改变人类学习的本质。信息化学习方式只是利用信息技术进行有效学习所表现出来的学习活动的基本形式，而不是工业化的技术过程。[②]这是需要我们清楚认识的关键。

---

① 黄济，王策三.现代教育论［M］.北京：人民教育出版社，1996.
② 李芒.学习生存性视域中的信息化学习方式［J］.北京师范大学学报（社会科学版），2007（5）：38-43.

第五章　信息化学习方式的拓展

本章主要介绍信息化学习方式的拓展，主要从六个方面进行阐述，分别是信息化自主学习方式、信息化合作学习方式、信息化探究学习方式、信息化接受学习方式、信息化体验学习方式、信息化移动学习方式。

第一节　信息化自主学习方式

一、信息化自主学习概述

（一）信息化自主学习的含义

通过对学习的内在本质和外部行为表现进行综合分析，我们可以深入了解自主学习的本质和特点。自主学习的内在本质在于其具备"元认知"特性，即学生能够灵活运用元认知策略，进行元认知监控的学习，从而自我激发学习动机，表现出积极的自主学习态度。从这一意义上说，自主学习的本质就是元认知控制下的主动学习，其外在表现为自我调控的学习过程。自主学习在本质上属于一种学习策略或教学策略。根据董奇教授和庞维国教授的观点，自主学习的行为表现在学生能够自主规划和安排学习活动，明确学习目标，选择学习主题和学习方法等。自主学习与他主学习相比具有自主性强、主动性高、效果好、效率高、效益高等优点。相对于他主学习而言，自主学习是一种更为高效的学习方式。从内部性质而言，他主学习的学生不能自己做主，而实际上，学习主要是个人执行的一种内部操作行为，必须由学生自己来完成；当学生从自己的需要出发，按照自己的进度学习，积极主动地完成学习课题并体验到成功的快乐，就能获得最大的学习成果。因此，自主学习具有自主性、合作性、探究性等特点。自主学习是指学生在相对自主的情况下，以自我设计、实施、修正的方式，将自身的学习行为视为监控对象，从而充分发挥主体性的一种学习活动。自主学习是以培养学生的主动参与意识为目标，通过激发学习动机、创设情境、引导合作等方法促进个体积极探究、主动发现、主动建构知识的一种学习方式。在教学过程中，最大限度地发挥学生的主观能动性和相对独立性，以提升他们的问题解决能力为目标。

将信息技术与自主学习方式加以融合，则产生了信息化自主学习方式。由于信息技术具有明显的优势，它为学生的自主学习提供了巨大的工具支持，从认知手段到学习资源都扩大了自主的可能性，改变了自主的空间和时间的常规概念。信息化自主学习是指学生利用信息化环境所提供的信息技术工具和资源，将自己的学习行为作为监控对象，自我设计、实施、修正的，充分发挥主体性的学习活动。

（二）自主学习与个别化学习的区别

个别化学习的基本特征是学生独立学习，自定进度，接受教师的个别指导，并以按照具体学习目标和运用各类教学媒体为基础。个别化学习是从教学组织形式的视角出发，与小组学习和集体学习同在一个维度上。个别化学习所强调的只是行为的"个别"，或个体独立的学习，只是在外部行为表现上进行了界定，并没有从性质上加以阐明，也没有从态度上进行区分，外部行为的个别化，并未见得从本质上是"自主学习"。即个别化学习并非必然导致学生自发地进行学习。在具体的教学活动中，教师要根据不同层次、不同类型的教学对象来实施个别化的教学方法，以使每个人都能得到充分发展。自主学习所强调的是个体行为特征的个性化，同时也强调了这种行为的内在本质、学习态度以及行为的严谨性。只有达到自主行为的水平，学生才能获得理想的学习效果。

（三）信息化自主学习的特点

一般而言，自主学习具有如下特点：一是能动性，二是独立性，三是有效性，四是相对性。[1]从自主学习的过程来看，自主学习又是自我识别、自我选择、自我培养和自我控制的。[2]

信息化自主学习方式除具有以上一般性自主学习的各种特点以外，还应该具有如下特点。

第一，信息技术能够有效地协助学生自主确定学习目标。信息技术有利于引导学生明确学习动机，激发其兴趣和动力。信息技术为学生提供了广泛的学习资源，为实现自主学习的顺畅进行奠定了坚实的基础。学生可以利用网络和其他工具，自主设定学习目标，并在信息技术的支持下进行自主学习。信息技术能使

---

[1]　庞维国.当前课改强调的三种学习方式及其关系［J］.当代教育科学，2003（6）：18-22.
[2]　李鹏程.略论自主学习模式［J］.中国远程教育，2000（7）：37-40.

教师及时了解和掌握学生自主学习的情况。在缺乏信息技术支持的情况下，学生的自主学习能力可能会受到限制，因为学习资源的匮乏可能会影响到他们的学习效果。

第二，信息技术拓宽了学生自主选择学习内容的领域，为他们提供了更广阔的学习空间。信息技术促进了学生自主性学习能力的发展。随着信息技术的发展，学生的自主学习能力得到了显著提升，学习资源已经不再局限于教科书，学习范围也不再局限于学校，他们可以根据自身需求，在海量信息环境中自由选择有益的学习内容。尽管信息技术为学生提供了丰富的学习资源，但同时也对学习产生了一定的负面影响。由于学生所面对的是浩瀚无垠的信息海洋，其中的"多余信息"可能会对学习造成干扰。

第三，信息技术为学生提供了一个自我调节学习进程的机会。学生在学习网络课程时，可以根据个人情况自主调整学习步调，以最适宜的速度进行学习，从而获得最佳的学习效果。同时在教学中，教师要及时调整自己的教学方法，引导学生自主地完成学习任务，提高他们的信息素养，从而实现高效的课堂教学。

第四，信息技术为学生提供了一种自我评估和反思学习成果的有效途径。在网络环境下，教师通过与学生交流、讨论等方式，了解学生的学习状况及存在的问题。学生的学习过程可以被计算机有效地记录下来，这些数据为学生提供了重要的反思学习依据，从而帮助他们进行自我认知、反思评估和自我调节。

二、信息化自主学习的设计原则、学习策略与支持条件

（一）信息化自主学习的设计原则

信息化自主学习的设计原则涵盖了多个方面。

第一，彰显学生的创造性思维。在学习的过程中，应该给予学生多元化的视角，以激发他们的创造性思维，从而使他们不仅能掌握知识，也能锻炼思维能力。

第二，激发学生自我反思的能力。在课堂教学过程中要重视反馈与矫正。学生可以对通过自身行为所获得的反馈信息进行分析，形成对客观事物的深刻认知，并制订出可行的解决方案，以应对实际问题。在自主学习的过程中，及时、准确的反馈是至关重要的，因此，教师应该给予学生更多积极的反馈，以提升学生的学习效果。

第三，学生能运用所学知识。只有让学生有机会在多种不同的情境中运用所学知识，才能使学生熟悉知识运用的条件，从而熟练应用。

此外，学生在进行信息化自主学习时，需要具备制定学习目标并在必要时灵活调整的能力；具备对学习材料和学习活动进行评估，以确定其是否符合学习目标的能力；具备挑选学习素材和选择学习内容的能力；具备自主选择或设计学习方式，并能有效执行学习活动的技能；具备分析、评价学习效果的能力；具备与教师或其他学习者进行磋商的能力；具备对学习活动实施情况进行监控的能力；具备调整态度和动机的能力；具备精湛的信息技术应用技能。教师在教学过程中可以通过培养基本能力来促进学生自主学习。只有掌握了这些技能，学生才能在自主学习中获得成功。如果其中一个或多个方面的能力缺失，就会对自主学习的效果产生不利影响。

（二）信息化自主学习的学习策略

1.元认知学习策略

元认知主要对学习起到计划、监控和调节作用，因此个体用于计划、监控和调节学习的策略，统称为元认知学习策略。元认知学习策略包括三大策略。

第一，自我监控策略。自我监控包括自我记录、自我记分、自我提问等。

第二，自我指导策略。自我指导是指学生把学习步骤、方法呈现出来，以引导自己的学习。

第三，自我评价策略。自我评价就是学生依据一定的标准对自己学习活动的某些方面进行评判的过程。

2.学习资源的管理策略

有效地管理和利用学习资源也是自主学习成功的要素之一。

第一，时间管理策略。能否恰当地安排时间，对能否顺利地进行自主学习有很大的影响。时间管理主要与学生的学习水平、目标设置、成败归因、自我效能感以及自我监控能力有关。另外，学生必须学会分辨事情的轻重缓急，养成在一定时间段内学习的习惯。首先，使学生更为明确地意识到自己目前的时间使用情况，可以回顾上周自己的时间利用状况。其次，让学生相互讨论如何能够更有效地利用时间。再次，要求学生制订利用时间的计划，并且要求事后进行自我评价。最后，要求学生标明自己所做事情的重要程度。

第二，自我管理策略。自我管理策略的首要目标在于激发学生的专注力，消除外部干扰，从而提升学习效率。自我管理策略包括意志控制策略与自我强化策略。其中，意志控制在自我调节中起着重要作用。增强意志控制的方法包括在学习过程中展望学习成功所带来的积极影响，运用自我提示语，预先规划任务完成的步骤，消除消极情绪和其他动机的干扰。自我强化则需要培养良好的意志力、增强自信心等，同时还需要有相应的外部条件。个体通过自我强化的方式，对自身的适当行为进行自我奖励，从而促进学生形成自我约束的能力。

第三，学业求助策略。在学习的过程中，学生常常会遭遇各种挑战和难题，因此，他们需要寻求他人的帮助，以解决学业方面的问题。学业求助对学生具有重要意义。在学业方面，学生可以寻求两种不同类型的帮助：一种是执行性求助，即请求他人为自己解决难题；另一种是工具性求助，其目的在于更好地实现自主学习，而非仅仅追求正确的答案。也就是说，执行性求助希望别人"授之以鱼"，而工具性求助则希望别人"授之以渔"。求助时需要注意求助时机。求助行为发生时，一般有三种情况，即"遇到问题后立即求助""遇到问题后先尝试解决，无效后再寻求协助""遇到问题后，经过多次解决无效后再求助"。前一种求助方式不仅学习效果不佳，而且会产生严重的依赖性。后两种求助方式的适当性因学习者的挫折容忍力而异，一般而言，第二种求助方式是较佳的。关于求助方式，可以分为面对面沟通、通过他人转达、信件、电话、互联网等。求助的最佳方式则是面对面沟通，学生可向求助对象清楚地陈述问题，指导者也可以从学生的语言和非语言信息中更加深刻地理解学生的问题。

（三）信息化自主学习的支持条件

随着信息化环境的不断发展，学习支持的广度和深度得到了显著提升，为确保学生自主学习的顺利进行，必须全面优化各个方面的运行。为此，必须具备相应的信息技术能力，并能够提供与之相匹配的学习支持。这些条件的支持范围应当涵盖以下内容。[①]

第一，提供必要的资源支持。学校图书馆、实验室和网络课程资源就是其中比较重要的三种资源。自主学习的前提条件在于，信息化环境所提供的丰富而有效的资源支持。这些资源融合了多种媒介形式，包括文字、图像、音频、视频和动画等，为学生创造了一个多元化的学习环境。学生不仅可以从教材中汲取知识，还可以在资源库中寻找与所学知识相关的各种资源，并通过多种形式实现自主探索和研究。

第二，提供导航辅助。在网络上进行信息交流和合作探究活动时，教师可以利用多媒体课件方式对相关内容进行展示，并通过导航技术引导学生进行深入思考。学生在信息化环境中可以获得丰富的超媒体资源，同时也可以在一个适宜

---

① 钱玲，郭清水.网络环境自主学习支持系统及其设计［J］.远程教育杂志，2003（6）：31-34.

自主探索的环境中进行学习。因此在教学过程中应该给予学生一定的导航支持。若缺乏明确的导航指引，学生将陷入茫然无措之中，从而影响学习效率。如果这种情况持续下去，可能会对学生的学习热情造成负面影响。通过良好的导航，学生不仅能够明确了解学习某一知识所需的前提条件、时间和学习目标，还能够轻松地检索相关资源并进行自我检测，同时还能够记录学习进度和心得体会等信息。学生在学习过程中，若能获得精准的导航指引，便可避免盲目跟风的情况发生。

第三，提供有效的交流支持。在课堂中，师生之间的互动可以通过多种方式进行。在学习过程中，有效的沟通是一项至关重要的因素，它直接影响着学习效率。在课堂中，评价和交流是非常重要的环节。最基本的交流就是提问、讨论、评估和反馈。有效的课堂沟通能够使教学目标得以实现。良好的评价功能应当不仅限于教师对学生的评价，学生对教师、教材、资源的评价，还应当包括学生对自身的评价，以及在小组活动中学生之间的相互评价，这是不可或缺的。双向的沟通应该是一种双向的交流方式，它不仅适用于教师和学生之间，也可以用于学生和学生之间。

第四，提供有效的管理支持。资源管理、时间管理、学习过程管理等，都是管理支持的重要组成部分，所以管理支持就显得尤为重要，它是信息化自主学习顺利进行的重要保障。由于信息化自主学习注重个性化，因此每个学生都有机会在学习进度、学习内容和学习计划等方面展现出独特的优势。只有每个学生都能够有效地管理自己的学习过程，学习的持续性和顺畅性才能得到保障。

三、信息化自主学习的评价

对信息化自主学习的评价不仅应该重视学习结果的评价，更应该关注对学习过程的评价。因此，在评价方法上可以采用案例评价、量规评价和档案袋评价等形式。[①]

（一）案例评价

案例评价在英特尔未来教育中使用得较为广泛。这种评价是由教师根据学习任务给出解决该类问题典型的范例。这些范例可以是教师或者其他人完成的，也可以是学生以前完成的作品。学生参照这些范例中解决问题的思路、方法，对照自己的学习过程和成果进行自我评价，也可以进行互评。这种评价方法对范例的

---

① 南国农.信息化教育概论［M］.北京：高等教育出版社，2004.

设计要求较高。教师也可以提供不同层次的案例,并给出相应的评价,供学生参考。

（二）量规评价

为了使学生更全面地理解学习的要求,教师可以构建一套可供对照检查的评价指标体系。以学生为中心,通过对知识内容和技能方面进行全面测试确定评价指标体系,也可根据不同层次学生的实际情况做适当调整。评价指标体系应当具备简洁明了、易于实施的特点。这一套可供评估的度量标准通常被称为度量规范,简称"量规"。量规是一种用来衡量和比较个体或群体学习成绩的标准。通过运用量规,学生得以明确自身在学习过程中应如何行事,以及达到何种程度方可被称为合格。如果是定量指标的话,那么就需要建立相应的数学表达式,以表示出各因素对总分数影响大小的数值。为了确保学生能够快速而准确地判断自己的得分情况,需要对评价指标体系进行详细描述,并清晰地区分不同层次之间的差异。

（三）档案袋评价

档案袋评价也被称为文件夹评价。这种评价方式要求学生在学习过程中,持续一段时间主动积极地收集、组织和反思学习成果的资料,把自己的学习成果作为档案放入一个文件夹中,以用作评定学生努力、进步或成长水平的依据。档案袋评价可以针对个人进行全面评价,突出个体性、针对性和多样化,每一个学生都可以设计和制作个人学习档案,针对特定主题持续收集个人资料,以系统地展现学生个人学习的过程和学习成果。此档案袋涵盖了学习笔记、作业、心得、收集到的相关资料、个人电子作品、学习成果,以及电子邮件、在线讨论和博客学习的记录等多种形式。每个学生都有一个"个人档案",包括姓名、性别、年龄、爱好、学习成绩及特长。该档案袋提供了一个清晰的视角,使教师能够全面了解学生在整个学习过程中的表现和所获得的学习成果,从而有助于教师做出准确的评估。

1. 档案袋评价的方式

档案袋评价方式可以分解为结构式、半结构式和非结构式三种。

选择采用哪种方式,需要根据学生的年龄和发展阶段而定。如果学生年龄较小、能力较弱,则应该采用结构式;如果学生年龄较大、程度较高,并且具备制作学习档案袋的丰富经验,则可以采用半结构式和非结构式。结构式评价是指教师为学生提供档案主题、档案重点、学习基本环节,给予学生明确指导,使学生根据学习指导逐步完成学习活动。半结构式评价是指教师为学生提供档案主题、档案重点，学生自主设计和呈现学习重点的内容和形式。运用此种形式，学生更容易发挥自己的自主性。然而，学生必须具备设计学习过程、抓住学习重点的已有经验，否则，学生将无所适从。非结构式评价是指教师仅告诉学生档案主题，不告诉学生档案重点、学习基本环节，学生自主确定档案重点，自主设计呈现学习重点的内容和形式，学生完全根据自己的想法呈现学习结果。运用这种方式，学生必须具备非结构式评价的已有经验，或者学生属于高学年段。

2. 档案袋评价的步骤

一般情况下，档案袋评价的实施存在六大步骤：第一，确定评价的目的。应按照课程目标和教学目标来确定评价目的。第二，决定档案袋评价的类型。根据需要可以选择成果评价、过程评价等。第三，制定档案袋评价的具体操作规范。将课程目标等转化为更加明确的行为目标，使学习目标具体化。第四，将行为目标细化为档案项目。可以将操作规范直接转化为档案项目，也可以将一项行为目标细分为若干个项目，如作业、图表、量表、量规、试卷、作品、报告等，具体形式可为录像带、录音带、照片、笔记本等。第五，设定评价标准。因为档案袋评价难以客观化、较花时间，所以应该事前制定评价标准，描述学生的表现，依据表现给定学生分数。若不给定分数，也可以划分等级。评价结果可以分为整体档案和分项档案，评价内容可以分为能力、努力两个维度，结果表示可以采用文字描述、计分、等级等。例如，对写作的评价可以从四个方面入手，内容切题，生动；段落分明，用词恰当，句子优美；标点符号正确；学生的努力程度。第六，编写说明与制作档案。编写说明的主要目的是使学生明确了解建立档案的过程和评价的方法，包括档案内容、评价标准、注意事项、完成期限、学习目标、评价方法、计分方式、参考答案、辅助教学等。

3. 教师的保障性工作

为了提高档案袋评价的信度和效度，制作档案时，教师需要积极参与学生的档案建设工作。第一，及时反馈，定期与学生讨论档案内容。第二，协助学生确定档案目标和设计重点。第三，注意检查学生收集资料的情况。第四，提高家长的参与积极性，激发学生的学习动机。

4. 学生进行学习反思的思考点

第一，我做了什么？为什么？

第二，我为什么将这个作品放入档案袋中？

第三，我从这个作品中学到了什么？

第四，我最满意和最不满意的作品是哪个？为什么？

第五，完成档案制作工作之后，我学到了什么？

第六，我未来的努力方向是什么？

当前，存在多种工具和平台，可提供实时的评估，但这些评估多为规范化的。如果在课堂中能够让学生根据自己的喜好来选择适合他们自己的学习方法，就会大大地提升学生的自主学习能力。对于某些质性评估标准，仍需依赖教师或其他教学辅助人员进行主观的人工评估。学生在学习时不能忽视评价，但是又不能过分依赖评价，尤其是标准化的、只针对知识掌握程度的评价，要以正确的态度对待评价。

第二节　信息化合作学习方式

一、信息化合作学习的内涵

在教学过程中，采用小组合作的方式，能够鼓励学生共同参与各种活动。小组合作学习也叫群体学习或分组学习。合作学习是一种以协作学习为主要形式的教学活动，旨在促进学生之间的协作和知识共享，提高学习效果，其通过集体或组内学生的互相帮助和相互交流来完成任务。合作学习是一项以目标为导向的活动，其将个人之间的竞争转化为小组之间的竞争，合作小组再以共同的学习目标为中心开展学习活动。合作学习强调学生之间通过相互交流与沟通来获取知识和技能，培养良好的人际关系及相互信任、互帮互学、共同进步等优良品质。因此，我们应该认识到，合作学习是具有强烈社会性的社会互动活动。

在信息化学习环境中，学生以小组为单位，在教师的指导下，通过信息技术获取、分析和处理学习资源，获得学习服务支持，并进行分工协作、相互交流，以实现共同的学习目标。它要求学生能够自主地选择适合自己的学习策略、学习内容，并通过网络或其他媒体来获取信息。信息化学习环境是由计算机网络、远程通信技术等多种技术构建而成的学习场所，它不仅包括计算机网络和多媒体这两个基本要素，还涵盖了数字照相机、数字摄像机、电视等多种信息工具，为学生提供了全方位的学习体验。信息化合作学习强调通过网络这一媒介来开展合作学习活动。在信息技术强有力的支持下，学生之间的互动与合作互助变得更加便捷、高效。这种方式不仅能够提高课堂效率，而且有助于培养学生发现问题、解决问题以及自主探索知识的能力。学生在信息化合作学习中表现出更强的主体性，他们以主体行为的方式进行学习，这能够有效地抑制学生的学习惰性。

二、信息化合作学习的特点

信息化合作学习不仅融合了一般合作学习的元素，更因其与信息技术的紧密结合而呈现出独特的学习特性。在课堂上实施信息化合作学习有利于提高学生对知识掌握的程度以及解决问题的能力，同时也有助于培养他们的团队精神和创新精神。随着网络技术和计算机技术的不断进步，班级合作学习已经突破了时间和空间的限制，通过各种信息工具，学生能够获取更多的学习资源和支持。合作学习的价值核心是有效地解决个体学习和群体学习的关系问题，解决学生学习的社会性问题。信息技术可以帮助学生实现学习的社会化，同时又可以强化学生的个体性学习。信息化合作学习方式在培养学生的社会适应性方面表现出特殊的优势，具体来说，有以下几个主要的特点。

第一，信息化合作学习呈现出更为广泛的可塑性。在传统的课堂环境下，由于空间的限制，人际合作的范围受到了限制。信息技术能够促进合作学习效果的提高，合作学习基于信息技术为学生提供了与不同年龄、知识背景和能力偏好的伙伴共同学习的机会，从而拓展了人际参与的开放性。当然，信息技术虽然为合作学习提供了一定的可能性条件，但其实际效果并非仅由信息技术所决定，而是受到其他因素的综合影响。在很多时候，完全依赖信息技术，没有教师和学生积极主动的心态和行动，即便是每天"挂"在网上也不会产生符合学习目标的、对学生的发展有利的合作学习。学习活动毕竟是人的活动，而不是机器的轰鸣，交往也是人的交往，必须首先建立人与人之间的"网络"，才会出现通信技术上的"学习网络""学习共同体""学习社区"。因此，对信息化合作学习感兴趣的教师和学生务必首先将注意力投放在网络之外，将功夫多下在"网下"，建立有效合理的、通畅和谐的、牢固积极的人际网络，明确学习者和指导者的位置和角色，而后再进行网络化学习，就有可能产生好的学习效果。

第二，信息化合作学习体现了学习的活动性。信息化合作学习利用信息技术将学生联系起来，使学生在活动中分别承担一定的责任。在课堂教学中，合作学习活动的沟通一般以面对面的形式进行，这种沟通形式是稍纵即逝的。为了使学习活动顺利进行，为了记录合作信息并进一步学习和研讨，小组成员必须担任记录员、保管员、材料整理员、报告者等多重角色，以确保信息的完整性和准确性。在进行交流时，需要有人对发言内容进行归纳总结，并把这些内容以文字或图表形式记录下来。为了实现小组间信息共享，需要有人将小组讨论的成果传递给其他小组，这就要求小组成员担任报告者的角色。一些学者认为，小组内的角色分工存在差异，担任这些角色的成员无法专注于小组学习活动。因此，这些成员在参与合作学习活动时，必须分配一部分注意力和认知资源，以从事与合作学习本身无关的任务，从而无法深入参与合作学习活动。其实这种观点并不完全正确，因为如果将所有的参与者都集中到一个团队中来进行合作学习的话，每个人所承担的工作就是相同的。在信息技术创造的环境中，特别是在网络合作的环境中，通过采用电子通信、文件记录保存、信息处理等方式，将原本由记录员、保管员、材料整理员、报告者等角色承担的任务委托给计算机系统执行，从而将这些附属角色的任务隐藏在参与者合作学习的过程中，这有助于参与者全身心地投入活动中，拓展参与的深度。此外，由于网络上的信息资源呈现出高度的多样性和综合性，学生得以在短时间内完成材料的搜集、整理等初级活动，从而有助于他们将更多的时间和精力投入高级的认知活动中，进一步拓展他们参与的深度和广度。因此，小组学习对促进自主学习有很大帮助，它能使学生更多地关注自己的能力而非他人所给予的指导，从而有效地提高学生的自我效能感。若我们以另一视角审视那些导致学生"无法专注于小组学习活动"的问题，则不难发现，小组学习活动必须涵盖"无法专注于小组学习活动"的行为。这也说明小组学习活动并不是简单地由教师或者其他人员组织实施的。为学生提供参与合作学习的机会，让他们亲身体验记录员、保管员、材料整理员、报告者等角色任务，是合作学习不可或缺的教育功能，将这些任务委托给机器完成可能会对合作学习的完整性产生影响，从而弱化学习效果。深度学习的真正体现在于对思想和观点的深刻洞察，而不在于是否有足够的时间从事必要的职业。因此，在组织开展小组学习时，教师要注意选择适合自己班级学生的有效策略。那些被冠以"无法专注于小组学习活动"之名的活动，实则是应该参与和体验的小组学习活动，如果放弃这些活动，就等同于放弃了合作学习。如果学生在课堂上没有真正参与到教学过程中，那么即使他们已经学会了某一学科的知识或技能，也不会取得预期的效果，更不用说达到理想的目的了。无论采用何种学习方式，都无法解决所有问题，因为每一种学习方式都有其局限性和反作用力，这必然会给我们留下一些遗憾。所以，我们必须对各种学习方式进行认真研究和分析，并在此基础上制订出最佳方案来实施有效教学。有时候，人们过于强调学习方式的一方面，而忽视了学习方式的另一方面，因此我们应该坚信"永远不能盲目迷信任何学习方式"这一根本原则。

第三，信息化合作学习呈现出多元化的中介手段，为学生提供了更加灵活的选择。学习内容、学习资源和学习服务支持的获取方式具有高度的灵活性和多样性，而合作交互活动则为合作提供了更为广泛的渠道。信息技术为开展信息化合作学习提供了可能，利用 QQ、微信等网络技术和相关信息技术，学生可以获取与合作学习相关的学习内容、资源和服务支持等。学生之间通过交流讨论获得对信息的理解或反馈，从而更好地促进自身学习能力的提高。教师通过在博客或论坛上发布所学内容，使学生能够轻松地获取所需信息。学生可以将自己所获得的学习资源在班级论坛上分享给大家，以促进知识的共享和交流。

三、信息化合作学习的设计原则和设计步骤

（一）信息化合作学习的设计原则

1. 面向全体和尊重个体差异相结合的原则

实现面向全体学生的教学是教师所向往的工作目标，但是这种理念落实起来却异常困难。信息化合作学习，充分利用信息技术，将有限的时间和空间中的学习活动转移至多个时空维度，从而推动更全面的互助合作学习和交流。信息化合作学习可以为学生提供个性化的服务，使每个学生获得适合自己发展的机会。在考虑到所有学生需求的同时，教师也应该充分尊重每个学生独特的个性特点。通过网络进行协作学习，可以有效提高学生之间的信息交互效率，有利于实现教学目标、增强学习效果。信息化合作学习的功能应当体现出对每一位学生无微不至的关怀，以确保每一个学生都能在学习过程中获得实质性的收获。深入了解学生之间的差异，并根据这些差异挖掘他们的潜能，使每个学生都能够积极主动地参与到活动中来。此外，每个学生都有机会发表言论、意见和建议，发挥其独特的特长，从而在原有的基础上获得更多的锻炼机会，并获得更多新的知识和技能。

2. 民主性与开放性相结合的原则

在信息化合作学习的过程中，学生的自主权利将得到更加充分的尊重，从而自然而然地建立一种"师与生"的民主平等关系，营造宽松和谐的学习氛围，让每一个学生都能充分展现自己的才华。在信息化合作学习中，学生的资格与条件、学习目标、学习问题、资源获取、学习任务、学习过程、交互行为以及学习评价等方面的开放性，构成了一种高度开放的学习状态。学生的主体性得到了充分体现，教师成为课堂上知识的传递者和引导者。在一个真正实现师生互动、生生互动的民主学习环境中，每个学生均可提出独特的见解、优秀的方法、大胆的假设，并积极参与计划的制订。

3. 发展性原则

信息化合作学习是一种旨在促进学生多元化发展的学习模式。除了传授知识和技能，我们还应该注重培养学生的学习方法、态度和情感等方面的全面发展。在此，仅就发展性原则中需要注意的两个问题做一些说明。一是信息化合作学习设置的问题要具有发展性。问题要基于学生原有的知识，能够处于学生的"最近发展区"内，在引导者的适当启发下可以解决，使得学生能够获得一种严密思考之后完成任务的成就感；问题要具有一定的现实意义，问题的设置要考虑到是否具有现实的意义、是否与学生的生活实际相联系；问题要具有探索性，一个好的合作学习问题应该是在实施过程中能够激发起学生的探究欲望的。二是学习评价要有发展性。要面向全体学生，进行综合性的评价，既要有知识、能力的评价，也要关注学生的学习过程与方法以及他们的情感、态度、价值观等方面；评价不仅要注重结果，更要注重发展和变化过程，将形成性评价与总结性评价有机地结合起来。

（二）信息化合作学习的设计步骤

信息化合作学习的基本设计步骤主要包括确定学习目标、选取学习内容、组织学习小组、构建合作环境、设计评价工具五个方面。

1. 确定学习目标

美国课程学者泰勒（Tyler）认为学习目标的确定是教学最为关键的第一步，因为其他所有步骤都是围绕或紧随目标陈述的。[①] 设计信息化合作学习的学习目标可以分为确定、分析和编写三个步骤。首先，需要确定学习目标，通过学习，希望学生获得什么变化，在完成学习任务后学生能够做些什么。目标中应该包括对学生能力的培养，如合作学习能力、收集资料和处理资料的能力、信息技术的操作能力等。其次，应该分析学习目标，应对信息化合作学习的特点、具备的条件、学习的内容和范围进行充分的认识。要能够尽可能多地分析学生所具备的从属技能，从属技能是学生为了有效达到学习目标，所必须掌握的那部分技能。例如，在对某一历史事件进行调查、评论的合作学习中，学生不仅要具备事件发生的时间、地理位置、背景以及人物等方面的知识，还要具备使用网络搜集资料的能力。最后，要编写具体的学习目标。编写具体的学习目标一般可以采取循序渐进的方式，问题应该从简单到复杂、从直观到抽象、从容易到困难。[②]

---

① 泰勒. 课程与教学的基本原理［M］. 罗康，张阅，译. 北京：中国轻工业出版社，2008.
② 盛群力，李志强. 现代教学设计论［M］. 杭州：浙江教育出版社，1998.

2.选取学习内容

确定学习目标之后，就需要决定学生可以经历哪些学习经验。问题是合作学习内容的核心，学习内容一般是由问题作为主线逐步展开的，学习活动也是在解决问题的过程中进行的。因此，如何产生问题、如何解决问题、如何拓展问题，就成为重要的研究内容。在设置问题的时候必须能够给学生创设可望、可及、有针对性、有层次的问题情境，以便让每一个学生都各有所思、有感可发，能积极地参与合作学习。提出的问题应能激发学生探究的欲望、鼓励学生独立思考，学生能够从不同角度发现问题中隐藏的条件和规律，并能够寻找到解决问题的途径和方法。需要注意的是，第一，只有在多人合作的情况下，才能完成合作学习所需的任务。如果学生不能很好地掌握这些内容，就不可能有效提高其学习成绩和综合能力。第二，合作学习的学习内容应当具备明确的职责分工，以便于学生更好地发挥各自的优势。学习的内容应当被划分为一系列细分的任务块，以便更好地实现知识的传递和应用。每个学生都有自己独立承担某个任务的权利和能力，而且这些任务块又可以按照一定规则进行组织安排。第三，学习内容的各个任务块之间存在着相互影响的互动部分。学生可以根据自己的兴趣和爱好选择合适的小组成员参与到小组中共同学习。合作学习并非简单的共同学习，而是一种交互式学习方式，每个成员在学习过程中都需要相互协作和交流，以完成各自的任务。

3.组织学习小组

信息化合作学习小组可以进行同质分组和异质分组。根据教学经验，小组人数一般为 4 ~ 6 人，人数多些，小组成员的能力和想法会多些，但人数过多，每个人对小组的贡献就会减少。小组越大，小组的人际互动越多，成员花在沟通交流上的时间也需要增加，因此小组越大，人际关系越复杂，越要求学生具有更高的人际交往能力。在总任务之下，每个学生都应该分得一定量的任务，并担任不同的角色。关于如何分组的问题，一直是研究者重点研究的内容。其实，任何分法，都不可能解决所有的问题，任何分法又都有各自的积极因素。即便是由自由组合而落下的个别学生组成的学习小组，如果指导得当，同样可以产生积极的学习效果。这种不受同学欢迎的体验，本身就是一个很好的教育要素。即便是由一个组织能力比较弱的学生担任组长，对组内所有学生而言，也是一种具有很大教育意义的体验。因为这可以锻炼能力较弱的组长的组织能力，还可以为小组其他成员提供思考人际关系的机会，为其他成员提供帮助和配合组长的机会。

4. 构建合作环境

由于信息化合作学习所涉及的时间和空间具有独特性，因此建立一个有利于合作的环境变得尤为重要。在教学中引入信息化合作学习模式，可以让学生更加积极地投入学习活动中去，从而提高课堂教学效率，实现高效课堂目标。若未能激发学生的求知欲，未能激发学生的自发性，将会对信息化合作学习的效果产生不利影响。此处应该重点考虑三个"适"字，即适时、适量和适当地把握时机创建合作学习的环境。

5. 设计评价工具

对于信息化合作学习而言，对其进行有效的评价是一项至关重要的任务，因为只有使用恰当的评价工具，才能确保学习活动的顺利进行。教师要根据学生的学习情况和自己的教学实践来确定具体可行的评价方法。在此需特别注意以下两点：首先，对于评价量规，必须采用科学的方式编制；其次，对于量规中的各项评价标准，必须确保其准确性。

四、信息化合作学习的评价

信息化合作学习的评价是设计信息化合作学习的难点之一，涉及对信息化合作学习成效的评价和对学生信息素养的评价两个方面。

在评价学生的学习成效时，应该着重考虑以下三个方面。

第一，关注学生的主体性是评价的出发点。信息化合作学习必须关注学生的个性特点，进行因材施教。应该重点评价整个学习设计是否关注了学生主体性的发挥。每个学生都有自己不同的能力、特长，学习过程应该尽可能地照顾到每个学生。

第二，准确定位师生角色是进行评价的基础。教师要以学生为中心，尊重学生的人格发展与个性差异，让每个学生都得到充分的发展，使他们成为学习的主人，从而提高课堂效率。在对教师进行评价时，需要打破传统的师生角色定位观念，明确教师的主导作用，并确立学生作为主体的地位。教师扮演学习过程中的组织者、帮助者和教学环境的创设者的角色，但这并不意味着教师可以替代学生进行学习。学生应当拥有充裕的时间和空间，以展现其学习的主动性和自我发挥的能力。

第三，注重能力的培养。社会的发展对人才的知识和能力结构提出了新要求，在信息化合作学习中应该关注学生能力的培养。应该考查教师是否关注对学生搜集、加工信息能力的培养，是否重视培养学生分析并解决问题的能力，是否关心培养学生交流合作与表达的能力。

对学生信息素养方面的评价，主要应该关注两个内容——信息意识和信息能力。对于信息意识，主要应该关注学生是否对信息具有好奇心，是否能够积极主动地学习使用信息工具，是否具备基础性的相关知识。对于信息能力，主要考查学生是否能够利用信息工具获取一定量的信息，是否具有初步的信息筛选能力，是否能够对特定的信息进行加工，是否能够熟练使用信息技术进行基本操作。

第三节　信息化探究学习方式

一、信息化探究学习的含义

"探究"的原意是"寻找"，探究学习是指学生主动地寻找解决问题的过程。一般是诱发学生自行探究学习问题，重视学生思考的过程。学生自身萌生各种想法，学生不是被告诉答案，而是自己去"探索和发现"答案。探究学习的重要意义在于为学生平衡了客观性知识和主观性知识的学习问题。从知识的客观性出发，真理（知识）与人的存在无关，是存在于外界的事物。知识是科学和客观的。人类学习的目的就是发现存在于外界的真理，将大脑作为一面镜子，把外界的真理投映到大脑中。也就是说，知识可以移动到人的大脑中独立存在，人类需要采用科学的方法发现知识。而从主观性出发，知识不是独立于人之外存在的，而是通过与周边人与物的相互作用主观建构而成的。

从教师和学生在探究过程中所扮演的角色出发，可以将探究学习分为指导式探究学习和非指导式探究学习。指导式探究学习的主要目的是学习如何学习，教师可以在学生探究之前和探究过程中给予指导，而后再让学生实际进行探究。年级越低，教师就越应该加强指导，提供更多的学习资料。年级越高，教师的指导则越少。在指导式探究学习中，教师是学习的领导者。学生对各种事实、材料做出反应，根据自己和同伴的观察，建立有意义的相互联系。学生从观察到推理，必须相互沟通。非指导式探究学习是指学生必须自己发现问题，决定收集何种资料，然后自己整理资料，解决问题。学生主动积极地学习，教师只是处于协助地位。在此需要指出，也是教师必须了解的，并非所有学生都具备完全自由探究的能力，必须具备以下三个条件才适合进行探究学习：具有多次指导式探究学习的经验；具有发现问题和解决问题的技能；具有充分的科学知识。如果不了解这些内容，学生所进行的探究学习就有可能是形式化的，甚至是无效的。在非指导式探究学习中，教师的协助是有限的，学生需要主动地获得信息，建立有意义的联系。

开展探究学习需经历以下七个步骤：第一，选择有意义和有意思的问题，激发学生的兴趣。第二，学生必须明确整个探究的过程和规则。第三，教师指导学生提出并回答与假设有关的问题。教师可就只用"是、否"来回答的问题给予答案，而不回答需要深思熟虑的问题。第四，学生验证自己提出的假设，并逐步形成初步的认识，将想法写出来。第五，全体学生共同讨论同学的想法，并由提出想法的学生讲解想法形成的过程。第六，想法被其他学生认可后，教师帮助学生讨论这些想法的应用性和价值。第七，师生共同讨论探究过程中存在的各种问题，以便今后加以改进。

在数字化的学习环境中，学习主体充分利用信息技术，对学习对象进行深入探究的学习活动，被称为数字化学习。它与传统的探究学习不同，具有自主性、开放性、合作性和实践性等特点。在学校教学中，我们可以将"信息化探究学习"定义为学生在特定问题、文本或材料的基础上，借助教师的协助和支持，充分利用信息技术，自主探索或构建答案、意义、信息或理解的活动或过程。这种学习方式强调以知识与技能为主线，以培养创新精神和实践能力为核心，通过探索获取新知识的途径来提高科学素养和人文素质。

二、信息化探究学习的特点

（一）多样性

第一，信息化探究学习的目标呈现出多元化的趋势。信息化探究学习是一种以信息技术为基础的新型教学方式。以学生发展为终极目标的多样化的信息化探究性活动，不仅使学生获得知识，更注重提高学生的科学素养和信息能力，强调学生个性的塑造、情感的体验、智力的发展、能力的培养、潜能的开发和学习方式的变革，从而培养学生独立获取和吸收知识的能力。教师在教学过程中可根据教学内容、学生实际及信息技术的特点来设计各种资源。

第二，信息化探究学习所提供的学习资源呈现出多元化的特点。学生不仅可以通过阅读书籍来获取知识，还可以通过网络、电视等传媒渠道获取丰富多样的资源。学习资源的种类繁多，包括但不限于讲授性的课程材料、相关文献资料库、相关案例库、数据库、学生作品集以及离线的学习资源等，这些资源可以是本地特色资源，也可以由外部链接提供。

第三，信息化探究学习的设计模式呈现出多元化的面貌。从信息获取的自主性角度出发，可以将信息化探究学习划分为两种类型：一种是以接受为基础的信息化探究，另一种则是以发现为基础的信息化探究。在以接受为基础的信息化探究学习中，学生可以通过直接从现有资料或资源（如图书馆、互联网、科技馆等）中搜集信息，或者直接向相关人士询问，所获得的信息基本上是现成的，最多只需进行简单的整理即可完成任务。这种方式主要适用于以获取知识为目的而设计和实施教学的教学活动。在以发现为基础的信息化探究学习中，由于无法直接从已有信息中获取有效信息，因此必须通过学生进行观察、实验、调查、解读、研讨等多种活动来获取。

第四，信息化探究学习的评估方式呈现出多元化的趋势。信息化探究学习的评价目标在于推动学生探究水平的不断提升，而不是单纯以探究结论或其正确性为唯一的评价标准。信息化探究学习评价要注重发展性与差异性并重，关注个体差异和群体差异，体现多元化特征。将形成性评价、诊断性评价和总结性评价相互融合，将认知过程的评价、创新能力的评价、信息素养的评价等有机结合，以满足不同目的和评价内容的需求，从而选择出最适合的评价模式。在信息化探究学习的评估中，强调了多元化的价值取向，并鼓励提供多样化的问题解决方案。

（二）体验性

学生在信息化探究学习过程中，必须亲身参与实践，以获得能力发展和深刻的情感体验，从而深入探究知识，掌握解决问题的方法。体验性是指在信息技术的支持下，通过对具体问题的思考、分析和解决来实现认识上的升华。体验性是由实践性、过程性、情感性、理解性等组成的。

首先，信息化探究学习为学生提供了一种直接参与实践活动的机会，让他们能够通过实践体验到学习的深度和广度。一些学者主张，活动的设计应当注重问题的情境脉络，强调在真实的问题中接触重要的概念和策略，强调将学生带入真实自然、具有生活现实性的情境中，以思考和处理复杂的问题。在解决实际问题的过程中，学生可以更容易地理解知识的使用方式、原因以及使用的时间。这种学习方式所具有的实践性的特点，使学生从做中学，从探究中学，在实践中获取知识、培养技能、提高素质，获得身心的全面发展。

其次，在信息化探究学习中，学生通过直接参与探究过程，并通过自身反思与思考，从亲身体验中深刻领悟到信息化探究的特征，进而深刻理解信息化探究是如何引发科学发现的，以及人类已有知识的获取方式等一系列与科学本质相关的问题。合作学习常常是学生信息化探究学习过程中不可或缺的一部分。在信息化探究教学中，教师应该充分地利用信息技术资源，为学生提供良好的情境，引导学生进行自主探索，鼓励学生提出疑问。通过整合要素和合作要素，学生可以掌握与他人交流的技巧，如向他人解释自己的想法、倾听他们的想法、善待批评以审视自己的观点、获得正确的认识，以及相互接纳、赞赏、分享和互助等。同时，学生在合作学习时也能得到情感上的满足，提高了他们参与课堂活动的积极性。在学习的过程中，充分展现情感的力量，不仅能够引导学生向他人学习，同时也能让学生在经历挫折和失败、成功和兴奋的过程中，深刻感受到发现科学本质的艰辛，领悟科学精神的意义和价值。

最后，在信息化探究学习中，学习不再被视为一种直接接受真理的过程，而是一种主动的有意义的探索过程，这样便于学生对学习内容理解和消化。有学者认为，信息化探究学习可以避免学生由于没有亲自参与知识的发现过程而导致的死记硬背的现象的发生。在任何学习中，有效的记忆是十分必要的，学生适当地记忆大量的学习内容是学习的重要方法，而记忆本身也是一种重要的学习能力，应该下大力气培养。

（三）自主性

在信息化探究学习中，要注重培养学生的自我决策能力，鼓励学生积极参与学习，以提高其自主学习的主动性。学生应当具备自主发现、解决问题，以及调查、收集和处理信息的能力。信息技术在促进学生认知发展方面起着非常重要的作用，而信息化探究学习可以很好地实现这一目标。信息化探究学习所强调的不仅仅是知识的建构，更是在学习过程中促进知识建构共同体成员之间的互动与协作。信息化探究学习不仅是个体意义建构的心理过程，也是社会性知识合作建构的工具中介。它使个体从被动接受变为主动探索。主体间的自主协商与合作，有助于激发学生提出新的假设并加深其对问题的理解，同时还能提高学生的信息素养以及解决实际问题的能力。在此需妥善处理自主性与合作性之间的相互关系。在追求信息化探究学习的过程中，教师的角色不可忽视，因为他们能够激发学生的自主性，促进学习的顺利进行。为了引导学生进行信息化探究学习，教师需要做出决策，如是否能够事先确定或规划探究的进度；是否应该给予学生足够的自主权，让他们能够自主地进行非指导性的探究，以促进他们的学习；在探究过程中，如何引导，何时介入，介入的程度有多大；哪些引导是必需的，如何引导才能达到充分的效果。以上这些问题都直接影响着教学目标的达成。为了充分发挥教师在指导学生方面的作用，必须注重学生自身对各种现象的理解，倾听他们当前的想法，深入了解这些想法的起源，同时鼓励学生之间相互交流和质疑，了解其他学生的想法，并以此为基础，引导学生加深理解。

（四）技术性

由信息技术构成的技术环境不仅包括情境，也包括媒体以及信息流。信息化探究学习的情境应该有利于学生对所学内容的意义建构，小组成员之间通过对话协商共同完成学习任务；媒体不仅可以帮助教师进行教学，也可以帮助学生查询资料、进行协作和交流，即作为学生的认知工具。在信息化探究学习过程中，学生不仅可以通过互联网获取信息和资料，还可以利用计算机软件对数据进行高效处理。在信息技术支持下，以计算机为平台的"互联网+"时代已经到来。在互联网上，学生可以选择研究课题，同时寻找指导教师，以便在探究过程中随时记录自己的进展情况。指导教师可以通过网络随时指导学生的探究计划和行动。这种以信息技术为基础的探究性学习是信息时代的一种新型教学方式。信息技术作为一种工具，改变了人们的思维方式和生活方式，促进了人类的全面发展。学生在信息交流的过程中，通过运用各种前沿科技手段，不断构建自身的知识框架，从而促进自身的全面发展。

三、信息化探究学习的设计原则

信息化探究学习的实现需要精心组织，而设计的规定性与信息化探究活动所具有的开放性产生了矛盾，有效处理该矛盾是进行信息化探究学习的关键。若未对学习活动进行精心设计，就会导致信息化探究活动的无序和低效；而若设计规定过度，则会使探究活动僵化，失去探究的意义。因此，在进行信息化探究学习设计时，必须以一定的设计原则为指导，针对探究任务、时空条件以及学生特征等多方面的矛盾关系进行处理，以确保学习过程既有明确的设计和规范，又具备一定的选择性和适应性。同时，要注意不同情境中信息技术与课程整合的问题。根据信息化探究学习的普遍规律，提出以下若干重要的设计原则。

（一）情境性原则

情境性原则要求学生把所学的知识与一定的真实情境联系起来，使学生能解决在现实生活中遇到的问题，最大限度地把学习与现实联系起来，在现实活动中获取、发展和使用认知工具。这一原则突出了学习的具体性和非结构性。[1]

---

[1] 张屹，祝智庭.建构主义理论指导下的信息化教育［J］.电化教育研究，2002（1）：19-23.

（二）主动性原则

主动性原则要求教学使学生最大限度地处于主动激活状态，发挥学生的主体作用，有效地促使学生积极主动地参与教学活动。坚持主动性原则，在教学中就要给学生施加积极影响，使学生处于主动状态，从而激发学生的学习动机，达到自主探究的目的。

（三）合作性原则

合作性原则要求学生在合作学习中相互沟通、相互合作、共同负责，从而达到共同的学习目标。学生之间交流、讨论等有助于学生加深理解，在交流的过程中，学生的想法、解决问题的思路都被明确化和外显化，学生可以更好地对自己的思维过程进行监控。教师首先应教给学生一些合作必备的技巧，还要安排合适的任务和活动。安排合作学习的活动必须与课程相联系，因为合作学习是探究学习中不可分割的一部分。[①]

（四）学习资源丰富性原则

随着信息量的爆炸式增长，学生可以获得更加丰富的学习资源。在设计信息化探究学习时，必须充分考虑学习资源的多样性，以最大限度地利用各种信息资源来支持学生的学习过程。现代信息技术的广泛应用，尤其是多媒体和计算机网络技术的运用，为学生提供了极其丰富的电子化学习资源，其中包括数字化图书馆、电子阅览室、在线报刊、数据库和多媒体电子书等多种形式。学生只要掌握了一定的网络通信操作技能和资料检索能力，就可以通过各种搜索引擎，方便快捷地获取自己所需要的信息。[②]利用网络支持环境，学生可以将在学习过程中所获得的资料、数据、成果作品以及反思性日记等资源下载到网站或数据库中，从而不断丰富和更新学习资源，实现有效共享。

四、信息化探究学习设计的策略与方法

信息化探究学习是一种现代化的学习方式，其实现离不开为达成学习目标而制定的策略和方法。如何优化信息化探究学习的设计，以充分发挥其所具备的潜力？在实践中应当注重学生的学习策略与方法和教师的教学策略与方法这两个维度的分析。从这两个维度出发，思考如何设计信息化探究学习。

---

① 马会军.对建构主义学习理论的再认识［J］.青海师范大学学报（哲学社会科学版），2004（4）：130−132.
② 张屹，祝智庭.建构主义理论指导下的信息化教育［J］.电化教育研究，2002（1）：19−23.

（一）学生的学习策略与方法

在信息化探究学习的过程中，学生扮演着信息处理的重要角色，是承担学习活动主要责任的关键人物。教师要为他们提供必要的信息资源和帮助。信息化探究学习方式更加注重学生的认知过程，鼓励学生以问题为基础进行探究，通过信息技术的应用，促进学生对科学知识的深入理解，从而使学生能够自主学习并掌握相关知识。因此，在设计信息化探究学习的策略与方法时，必须首先深入探讨学生这一至关重要的因素，以确保其在学习过程中发挥出最佳的作用。

第一，知识外化策略。在不同情境中，应用所学知识即知识的外化。[①]有些学习是以是否完成学习目标为标志的，学习策略注重对现有知识的"重复"和"组织"，比较忽视对知识的运用。信息化探究学习并不以能够记住和理解知识为唯一目标，还重视习得获取知识的方法、应用知识解决问题的能力。因此，信息化探究学习应该注意知识的外化，这是学习的要求，也是学习的策略。

第二，引疑质疑策略。引疑质疑的目的是激发学生进行信息化探究的动机。信息化探究学习经常与问题或任务挂钩，以问题或任务驱动学习。这里主要关注的是学生主动引疑质疑的策略。信息化探究学习强调学生独立思考、自己做出决定或选择，学生可以从学习的需要出发，对初始目标进行分解或将其转换成其他目标，对学习内容进行组织加工，自己安排学习顺序等。在整个过程中，学生能够在审题、假设中引疑。同时，"设疑""质疑"还可以作为促进知识理解的一种方法来运用。布鲁纳（Bruner）指出，学习是由学生的内部动机，即好奇心、进步的需要以及同伴间的相互作用驱动的积极主动的知识建构过程。因此，在学习过程中应该激发学生的怀疑精神，使学生主动地运用引疑质疑的策略进行学习，使学习活动具有明确的目的性，最终达到学以致用的目的。

第三，反馈策略。反馈包括自我反馈和他人反馈。[①]传播学理论认为，自主学习的过程包括人的内在传播的过程，要注意自我反馈。信息技术为学生提供了丰富的通信手段，如QQ、微博、微信等，能实现多人实时或非实时交流。同时，我们也应该充分利用其他学生的反馈，将其作为有效的学习策略。

（二）教师的教学策略与方法

在信息化探究学习中，将学生的自主性视为一个至关重要的研究因素，这并不意味着教师的指导可以被忽视。教师要充分发挥主导作用，引导学生积极参与

---

① 张伟平，杨世伟．建构主义下的网络化学习策略设计［J］．湘潭师范学院学报（自然科学版），2002（1）：44-47．

到信息技术课堂中来。为了确保信息化探究学习的有效实施，教师必须确立正确的学生观和教学观，并在此基础上明确自身的职责，同时采用具体而有效的教学策略和方法，以推动学生的学习进程。

第一，问题引导策略。在信息化探究学习的过程中，发现并提出问题对于整个学习过程具有至关重要的意义。因此，在教学过程中，教师应当积极运用问题引导策略，以提高学生的学习效果。一是在建构问题情境时，教师应当注重问题的有序性和层次性，以确保教学效果的最大化；二是问题的难度应当与实际情况相符合；三是问题的存在能够引发矛盾，激发学生的思考，从而产生深刻的启示；四是对于问题的处理，应当以精简为原则，避免泛泛而谈、杂乱无章。在信息化探究学习中，教师并非直接向学生展示结论，而是通过创设情境、激发思考、引导质疑和释疑等方式，为学生提供更多的学习体验。为了营造一种有利于探究的问题情境，教师需要在课堂教学中灵活调整教学内容。学生在探究问题的过程中，逐渐形成一系列的问题，并建立一系列假设，最终在收集各种证据的基础上，对这些假设进行了证实，从而得出自己的结论。教师在创设问题情境的同时，也需要全身心地融入其中，适时、恰当地向学生提出问题，并对课程资源进行深度挖掘和重新设计。

第二，拓展延伸策略。信息化探究学习的内容不应仅限于教材，而应拓展延伸，引导学生逐步思考，使其有意识地将所学知识与日常生活中的问题联系起来。当然，就课本的内容展开讨论、进行探究是目前常见的一种探究方式，但它并不等于探究的全部。学生可以走出学校，到社会中去发现问题，进行探究，将信息化探究学习作为学校和社会联系的桥梁。有学者提出，在具体的实施中教师还应注意：合理分组，动态管理；教给学生具体的探究方法；确保每个学生都平等地参与到探究活动中。同时，探究形式应灵活多样，实验、调查资料、分析、模拟制作、观察与思考、课外实践等都可以作为信息化探究学习展开的途径。

五、信息化探究学习的评价

教师要对所设计的探究任务及其目标进行分析，确定其中所涉及的具体侧面和因素，决定评价学习结果的标准。一般在活动初期就应该把评价方式明确告知学生，使他们了解活动的预期结果和努力方向。张建伟教授认为，评价设计应该注意以下几点。[1]

---

① 张建伟.网络协作探究学习的设计［J］.中国电化教育，2003（9）：88-92.

（一）强调自我反思评价

在问题驱动的知识建构过程中，学生的反思总结是确保他们在信息化探究活动的基础上获得实质性成果的至关重要的前提。在信息化探究活动中，学生需要不断进行自我反思和提炼，以便更好地理解自己的行为、思考和所得。为了培养学生的自我反思能力，教师可以构建一份反思评估表，以问题提示的方式引导学生进行反思。此外，还可让学生在信息化探究活动的各个阶段撰写反思日志，对活动进行总结和反思，以促进学习效果的提升。

（二）强调过程评价

在评价过程中，我们不应该只关注学习成果，更应该注重学习过程的细节和质量。目前，电子档案袋已成为广泛采用的一种过程性评价方法，其有效性已得到广泛认可。在探究活动中，建立学习档案袋的过程必须贯串始终，以确保学生在活动过程中有意识地收集、筛选和保留与自己活动相关的资料，包括但不限于调查数据、活动计划、反思性日记、作品草稿和正式稿等，以反映他们的努力程度、进展状况和成就水平。

（三）强调非量化的整体评价

由于信息化探究学习方式支持对富有意义的解释进行探究，而不是重复知识和复制现实内容，因此其结果评价更多地采用整体性评价、学习参与度的评价，反对过分细化的标准参照评价。目前，人们普遍认为，通过让学生完成同一实际任务来验证其学习成果是一种行之有效的评价方法。但这种评价方法在实施过程中存在着一些问题。我们需要设计一种评价方法，能够客观、准确地反映每个学生的学习效果，同时又不会给学生带来任何形式的压力。

第四节　信息化接受学习方式

一、接受学习的含义

"接受学习"作为一种学习方式存在已久，但作为学习理论中的一个科学概念，却是美国教育心理学家奥苏贝尔（Ausubel）首先提出的。他认为，在绝大多数学科中，学生主要是通过对呈现的概念、原理及事实信息的有意义接受学习来获取知识的。教师应该把组织好的、有顺序的、带有结论性的材料提供给学生，从而让学生接受最有用的材料。教学的目的在于帮助学生理解传递给他们的信息意义，帮助他们将新材料与自己已有的知识相结合。奥苏贝尔认为在一般的课堂教学过程中，主要采用的学习方式还是有意义的接受学习。接受学习的重要性在目前阶段仍然是不可低估的，可以说是学生最重要的学习方式和获得发展的途径，这一点必须坚持。我们坚信，接受学习本身并无问题，如果没有取得预想的教学效果，那就是使用这种方法的人出了问题，是他没有合理有效地发挥接受学习的积极作用。

二、信息化接受学习的定义

在信息化的学习环境中，要借助教师的组织和指导，借助现代信息技术的支持，建立一个优越的学习环境，为学生提供严密有序、结论性强的材料，使其能够接受最有价值的信息，并将所学应用于实践中。将信息技术引入学习之中，为开辟新的接受学习方式提供了契机。在信息化学习方式中，传统的教学模式并没有发生根本性的变化，只是在信息化的大潮中，信息技术作为一种工具介入学习过程中，为教师的教学提供了演示工具，为学生的学习提供了认知工具，为师生互动提供了交流工具。因此，在信息化环境中，应该正视信息技术为学习带来的改变，利用其资源丰富、形象生动、传递迅速、传播广泛、非实时交流等特性来改善被动的学习，使学生在信息技术的支持下积极主动地接受教师所传授的知识，并将它们纳入自己的认知结构中，在学习过程中提高能力、改变态度。

三、信息化接受学习的基本条件

（一）学生有效听讲，积极思考

学生在听教师讲授时，必须全神贯注，不可有丝毫怠慢。听课必须付出意志努力、克服各种干扰、调动全部身心之力，而一旦听了进去，就会不知不觉地忘记疲劳和付出，获得放松，进入"学而不疲"的学习状态。因此，学生专注听讲、记好笔记、跟随思考、提出问题就显得十分重要。教师的主要任务是集中学生的注意力，使其不分心、不开小差，使学生的思维处于高度运转状态。这种良好的学习状态，有时并不是学生自己产生的，而是教师帮助学生进入的。有学者指出，表面上看，接受学习似乎只是教师一个人站在讲台上滔滔不绝地讲，而实际上却是教师在与学生做心灵的沟通，做双向的交流，与学生共同经历思维过程。有效的接受学习，一定是二者互动的。

（二）教师必须是优秀的讲者

为了保证接受学习的有效性，教师必须成为十分出色的讲者，因为教师怎样讲授对学生的学习效果影响巨大。实际上，并非人人都擅长讲话，讲话并非一件很简单的事情。教师需要关注讲话的有效性，有效地与学生进行沟通，使学生掌握知识。教师必须从教学实践中提炼总结出讲解教学的基本规律。那么，教师如何进行有效的讲授？

第一，教师必须了解课堂教学的基本结构。

课堂教学是由导入、展开和总结三大部分构成的。在导入阶段，主要是将学生带入学习的情境或氛围之中，使学生产生有利于学习的心向。教师可以使用事例开头，可以讲述新奇的情节、震惊的事件、名人名言，可以与学生互动，还可以利用实物。在展开阶段，教师应该精选教学内容，合理排列教学内容，研究多种学习方法并评价学习的效果。没有枯燥的学习内容，只有枯燥乏味的教师。一些导演的选材原则值得我们用心学习。有导演表示，拍电影一定要表现那些有意义的内容，但是只拍那些有意义的材料还是不够的，应该拍那些既有意义又有意思的材料。至于那些有意义而无意思的材料，绝不会放到电影里。这些话的核心在于将"意义"与"意思"加以区分，深刻把握二者的不同含义，并将二者有机地联系起来。可以说，教师所教内容几乎都是有意义的，否则不会符合教育性，但是教师必须选择既有意义又有意思的教学材料。运用二者兼备的教学材料，能够更有效地帮助学生学习。在总结阶段，教师帮助学生实现教学内容的固化，使学生获得成功感。一般而言，教学总结存在三种类型。第一种是没有总结的总结。当下课时，教师不论讲到哪里，只管停下来，宣布下课。第二种是指教师简单说明今天都讲了什么，把知识点简要梳理一番。例如，"今天，我们学习了三个问题，首先学习了教学的定义，其次学习了教学的类型，最后讨论了教学的作用"。这样的总结方式比起第一种无疑能起到积极作用，但只是归纳讲了什么，在深度上却有所欠缺。第三种总结是从本质出发进行教学总结，这种总结能够提炼概括出教学最核心的内容，指出教学内容的灵魂。这种核心内容，更有利于学生理解、记忆和迁移。

第二，教师必须了解讲授技术的基本步骤。

当人们将教师的讲授活动作为一种技术来对待时，就会发现这种人类活动可以从不同的视角进行考察，并可以得出多种不同的结论，存在多种多样的讲授技术，存在多种多样的讲话逻辑。

①讲解四段法——"引导—主题—概要—总结"。教师可以按照这个顺序进行有效讲解。在引导阶段，必须引起学生的注意，提出教学问题，讲故事和事实，以起到热身的作用。在主题阶段，有效组织学习内容，安排学习内容的呈现顺序，要求简明、扼要、清晰，突出重点，强调基本内容。在概要阶段，以学习单元为主，进行总结和提炼，帮助学生加深理解。在总结阶段，使用最简洁的方式做总结，帮助学生加强记忆。

②讲授教学的五步法。第一，指出要讲授的重点；第二，选择一个上位概念；第三，使用实例说明重点；第四，重复性说明；第五，概述重点，最后回到上位概念。

第三，教师必须掌握"怎么讲"的具体方法。

很多教师反映，走进教室后，不知道怎样说话才能更好地与学生进行有效沟通，怎样讲话才能使学生听得更明白。其实，在教学实践中存在很多讲授规律，需要教师积极研究，不断总结。在此为读者提供一个万能演讲（PREP）公式，能够规范教师讲解学习内容，可以获得较理想的教学效果。P：Point of View（陈述观点）；R：Reasons（给出理由）；E：Example（举出例子）；P：Point of View（重申论点）。这里为读者提供一个实例加以说明。

现在是人类历史上最好的时代（陈述观点），自有住房比例最高，失业率最低，经济增长速度最快（给出理由）。去年，有××万人独立创业，成为众多的私营业主（举出例子）。在这个形势大好的时代，人们都过上了安居乐业的生活（重申论点）。

在讲解过程中，避免使用复杂的语言，可以使用图表、强调重点、多提问、多用板书。教师讲解的基本要素一般包括关键概念、结构与目的、声音与体态语。

四、信息化接受学习的特点

信息化接受学习除具有一般接受学习的特点之外，最大的特点就是创造了打破时空限制的学习环境，信息技术的使用为异时异地的学习提供了支持。从理论上讲，参与信息化接受学习活动的学生可以随时、随地进行学习，获得教师的有效指导，还可以与相关人员进行沟通并获取各种学习资源。以往的接受学习基本上局限于教室，有些不易进入教室的学习资源很难在课堂上出现，信息技术则可以作为教师的演示工具，将不在眼前的学习内容呈现在学生的眼前。传统课堂教学中，人与人之间的交往主要依靠面对面的直接沟通，这种面对面的直接沟通对学生学习成绩的提高以及人格的发展都是十分重要的，可以说这种沟通方式是符合学习规律的。但是，一旦不具备面对面的基本条件，有效的接受学习活动就难以进行。长期以来，人们为解决这个问题而做着不懈的努力，自从得到了信息技术的帮助，充分发挥信息技术对学习支持的"无处不在性"，这个问题才真正有了一个理想的解决方案。

可以在学习活动的任何环节使用信息技术，如可以使用信息技术激发学生的动机，使用信息技术复习已经学习的内容，使用信息技术表现课堂的目标，使用信息技术呈现新的材料，使用信息技术指导练习，使用信息技术进行独立练习，使用信息技术检查学习结果。

五、信息化接受学习的类型

对事物进行分类是一个科学研究过程，也是科学研究中一项重要的工作。以计算机为主体的现代教学媒体为人类的学习活动注入了新的活力，也为课堂教学和大范围的社会教学提供了更多的方式和手段。现实中的信息化接受学习呈现多元化倾向，这是实际学习行为层面的一般表现。为了科学深入地研究信息化接受学习，对它的分类研究是必不可少的，以什么标准划分，从哪几个维度划分，就成为问题的关键。我们可以以课堂学习、大众传媒和互联网为出发点，将信息化接受学习归纳为下面三种类型。

（一）课堂讲授与课堂演示法相结合

目前，信息技术已经作为一种新工具走入课堂教学，它帮助教师展示提纲、进行课堂演示，充分实现那些只依靠教师力量无法实现的教学意图。[1] 例如，将远处的事物拉近，将微小的事物放大，将不易观察的过程性内容可视化等，实际上就是把现代信息技术的作用体现和纳入接受学习过程之中。其中教师使用言语工具与学生进行交流，通过控制具有强大表现力的教学媒体向学生呈现教学信息，并从学生那里获得反馈信息，再对教学过程进行改进和优化。这里应该特别强调教师作为教学主导的重要性，教师的主导作用不能因为使用了信息技术就变得难以发挥。有的教师只是作为一名幻灯片的解说员或播音员，受到幻灯片的支配和控制，削弱了自己的教学主导地位。

（二）基于大众传媒的接受学习

基于大众传媒的接受学习是指利用印刷媒体、视听媒体，辅之以面授辅导所

---

① 陈华峰.奥苏伯尔的有意义学习理论对课堂教学改革的启示［J］.青海师专学报，2002（2）：103-105.

进行的学习活动。这种学习方式的产生主要源于集体式课堂教学，是在集体面授课堂学习的基本思路之上的延伸，只是在媒体的选择上使用了大众传播媒体。教师通过教学媒体将教学内容传送给学生，这种学习方式的不足是不能直接获取反馈信息。在大众传媒支持的接受学习中，电视是最具典型性的教学媒体。

（三）基于互联网的接受学习

目前，基于 Internet 的接受学习主要以网上讲授形式为主，又可分为同步式授课和异步式授课。[①]一是采用同步式授课方式。教师和学生在不同的场所进行学习，但学生可以在同一时间聆听教师的讲解并与教师进行互动交流，这种学习方式与传统的学习方式有着相似性。利用视频会议系统，可以实现一种基于互联网的学习方式，从而提高学习效果。在教学过程中，教师可以在配备了摄像机、话筒、交互式电子白板和投影仪的授课教室中进行授课，而视频会议系统则能够实时传输音视频信息；教师的授课方式与课堂讲课形式基本一致，学生在配备相同设备的远程教室中聆听，教师通过交互式电子白板上的板书和投影系统观察学生的表情，并通过视频控制系统接收学生的反馈信息。二是采用异步授课方式进行教学。通过利用互联网上的网页和电子邮件服务，接受学习得以实现数字化转型。教师将教学要求、教学内容以及教学测评等教学材料以特定格式编排成文件，并将其存储于万维网（Web）服务器上，学生可以通过浏览这些页面来实现学习目标；同时，教师还可以将课堂授课过程拍摄下来，制成流媒体课件，供学生在线点播，使学生无须在指定时间和地点学习，可以根据自己的时间来接受教师的课堂授课。由此看来，为学生准备高水平的学习资源是十分重要的。例如，现在很多高校和图书馆将名人名家的研究精华整理成视频资料，学生在任何一台可以上网计算机上、在任何地点和任何时间都可以观看较高水平的学术讲座录像。在学习者遇到疑难问题时，可以通过教学平台、电子邮件、微博、微信等交互工具询问教师，教师会对学习者的疑难问题给予解答。

六、信息化接受学习的设计策略、基本环节与评价

（一）信息化接受学习的设计策略

1. 关注学生的持续注意力

信息技术虽然能提供丰富的教学资源，是教师有力的教学工具，却不可能解

---

① 　余胜泉，何克抗．基于 INTERNET 的教学模式［J］．中国电化教育，1998（4）：58-61.

决所有的教学问题，尤其是在接受学习中，学生的主要学习任务是接受教师所提供的教学内容，并加以消化理解。无论是在课堂教学中还是在远程教学中，学生不可能轻易被所有教学内容同化，尤其是与自己的认知结构相距甚远的、自己不感兴趣的内容。这就要求教师在进行教学设计时，对学生做较为详细的分析，对学生的认知结构有清晰的认识；在准备教学材料和组织教学内容时，要考虑学生的学习兴趣和易疲劳程度；在教学过程中，要适当调整，使学生能够保持较高的注意力水平，可持续地将教学内容同化和顺应到学生的认知结构中。但在远程教学过程中，教师很少能够根据学生的反应做出教学调整，只能依靠教师丰富的教学经验进行前期设计来弥补。

2. 组织高逻辑性和系统性的教学内容

由于信息化接受学习的目的是使学生在较短时间内掌握系统完整的知识，因此教学内容的组织就显得异常重要。除了教学内容本身的逻辑性和系统性，教师对教学内容的组织和讲解的过程也直接影响到学生对知识的接受效果。因此，教师在设计教学内容时，要注重知识的前后联系，注重知识本身内在的逻辑关系条件，在设计组织和讲解方式时要对学生的接受规律有较为深刻的研究。教师既要考虑知识的完整性，又要考虑课程的容量，还要考虑学生的承受能力，根据学生对原有知识的掌握程度和学生的心理特征来安排教学内容，达成教学目标。

3. 关注学生差异

在信息化接受学习中，对学生差异的关注是一项十分重要的工作，而且是一项难度很大的工作，尤其是在教师讲、学生听的情况下。当然，在信息技术作为个别辅助工具的情况下，这种问题有所改善。但是，我们也应该清醒地认识到，无论是教师还是信息技术，都不可能对所有学生的所有反应做出准确的判断，也不可能在单位时间内关注到所有学生。因此，在学习过程中，教师应加强对个别学生的关注，而在非实时的教学中，一般可以通过网络技术来加强对学生的关注以及对学生差异的关注，这也是信息技术促进接受学习的一个重要作用。

4. 加强师生互动

在传统的课堂接受学习中，教师作为强传播源，学生作为知识接受者，存在着话语权利不对等的问题，因此，教师与学生进行深层次的交流和沟通的机会十分有限。在信息化环境中，这种问题依然十分严重。一方面是原有学习方式的形式禁锢了接受学习的进一步发展；另一方面这种学习方式有其先天的特征，即教师作为主要知识的来源，学生只能处于接受知识的地位；即使在信息技术支持下，师生沟通的手段依然很有限、很不方便。然而，学习活动应该是一个双向的过程，教师的"单向传授"容易导致学生的被动或机械式接受，使学生产生厌烦心理，影响教学效果、降低教学效率。因此，在信息化环境下，提倡加强师生交互，教师一定要"全心全意为学生服务"，让学生真正感觉到自己是学习的主人，而不是被动的接受者。

5. 运用启发式教学

在教学实践中，很难一以贯之地使用某种学习方式，学习方式的应用总是具有综合性和灵活性的。在接受学习中，教师适当运用启发式教学，能够充分发挥学生学习的主动性和创造性，激发学生的潜力，使学生能自觉地、积极主动地使新知识与其认知结构中的有关知识发生相互作用，从而使新旧知识建立牢固的联系。

（二）信息化接受学习的基本环节

1. 创设学习情境

根据心理学的研究成果，创造适宜的氛围可以有效激发人们的热情，从而提升活动的效果。营造一个优美、和谐、与教学内容相关的情境，从而创造有利于学生学习的氛围是至关重要的。首先，运用信息技术使原本抽象、符号化的学习内容变得生动、直观、真切，从而缩短时空距离，激发学生的情感共鸣。其次，运用信息技术构建真实、典型的学习场景，以符合学生的身心特点，满足学生的兴趣和需求，有助于激发学生内在的学习动力。最后，教师可以通过多种方式激发学生对信息技术课的热情。信息技术所创造的真实场景，将声音、图像、色彩等多种信息，以及需要学习的内容，巧妙地融入特定的情境中，形成一个和谐的整体。这样的整体作用于学生的多种感官，有利于激发学生的学习热情，形成无意注意的心理倾向，使学生情不自禁地投入学习活动中。[1]

2. 激活已有知识

任何一种学习过程都是一种积极主动的构建，学生不是被动地接受外部信息和简单地复制书本和教师的知识，即使在教师授课或学生聆听的状态下，为了更有效地获取知识，学生也会根据先前的认知结构，有意识地、选择性地感知外部信息，从而构建当前学习内容的意义。

---

[1] 张雪兰.新课程理念下有意义学习的概念与策略［J］.教育科学研究，2003（1）：37-39.

3.呈现先行组织者

为了促进学习和避免干扰，最有效的策略是采用具有广泛相关性、高清晰度和稳定性的引导性材料，这些抽象的学习材料被称为"先导组织者"，以帮助学生将新的学习内容与已有的认知结构中的相关知识联系起来，从而达到对新知识的理解。

4.呈现新的学习任务和材料

在向学生展示新的学习任务和材料时，需要特别关注两个方面：一方面，需要集中和维持学生的注意力，以确保他们能够顺利地接受新的教学材料，并将其融入自己的认知结构中；另一方面，必须确保学生对材料的组织结构有清晰的认识，以使其具备整体的方向性。教师要引导学生掌握信息之间的联系以及与之相关的概念，形成一个完整的知识体系。在展示材料的过程中，必须遵循明确的逻辑顺序，以确保学生能够理解观念之间的相互关系。

在信息技术的使用上，要克服两种弊端：一种弊端是没有充分发挥信息技术的作用，使学生仍然处于一种被动学习的状态；另一种弊端是过分夸大信息技术的作用，使学生的学习过程被观看多媒体文件充斥，没有完成有意义的学习过程。在现实的教学过程中，信息技术只是一种辅助支持手段，而有意义学习的发生还有赖于教师恰到好处的教学时间和学生积极的学习心向。例如，教师提醒学生注意每一个细节；向学生发问，以了解他们是否理解学习材料，或引领学生思考的方向；允许学生发问，使他们对学习材料的理解能够超越课本的内容。

5.交流和反思

教师与学生的交流和反思是整个学习过程中重要的一环，它是教师改进和完善教学设计方案的主要依据，也是学生倾诉和表达学习感受、检验有意义学习是否发生的重要途径。在传统的课堂上，教师和学生的交流比较容易，通过口头语言表达、书面文字就可以完成。在信息技术支持的条件下，则要求利用电子课件、计算机网络等现代教学媒体，推广信函、电话、电子邮件、微博、微信等交互式支持服务，加强教师与学生的交流和沟通，保持和提高学生所学知识的清晰度和稳定性。

（三）信息化接受学习的评价

每一种评价方式都蕴含着人类的智慧。在学校教育中，教师通常将学生作为主体进行教学。学生在学习过程中的首要目标是系统地吸收科学文化知识，并将其运用于事物和现象的解释之中。因此，在对学习质量进行评价时，主要侧重于记忆和实际应用两个方面。评价采用以笔试为主的评价方式，较少采用定性评价，而评价标准则包括所学知识的记忆程度以及应用这些知识所需的技能和技巧的熟练水平。通常情况下，在评价学习效果时，我们会将评估对象视为一个静态、孤立的实体，并对其进行评价。然而，信息化接受学习的评价应该强调引入量规评价和档案袋评价以完成过程性评价。

第五节　信息化体验学习方式

一、信息化体验学习的含义

体验学习是一种以学生为主体，在一定环境中，学生通过亲历、反思来获得知识和技能，并形成态度的学习方式。在教学活动中，它强调创设一种情感和认知相互促进的学习环境，使学生在这种学习氛围中通过直接经验有效地获得知识并获得各种体验。体验学习不仅强调学习结果，也强调学习过程，强调学生在体验过程中的思考和反思。常见的体验学习有"探究活动""情境模拟""参观调查""角色扮演""实验制作"等。

在信息技术时代，体验应该是个体主动亲历或虚拟地亲历某件事并获得相应的认知和情感的活动。这里提到的"虚拟地亲历"，就是借助信息技术的"体验"，是一种替代体验，与人的实际亲历存在着层次上的不同，体验的效果也存在差异，但体验的过程和结果都具有真实性，是实实在在的体验。信息技术为学生提供了一个优越的学习环境，其中包括丰富多彩的学习资源、高效便捷的信息检索工具、多样化的通信交流工具以及网络模拟实践等多个方面。信息技术的飞速发展也给教育带来深刻变革。随着学习环境的演变，信息技术与体验学习相互融合，从而孕育出一种信息化体验学习方式。信息化体验学习是一种以学生为中心的学习方式，通过信息技术的应用，学生能够主动地亲身体验和反思，从而获取知识、技能，培养积极的学习态度。

二、信息化体验学习的核心环节

信息化体验学习的成功离不开多个关键要素的有机结合，即通过各种方式让学生在真实的环境中经历知识形成与应用的全过程。首先，学生融入一项活动中，通过观察、表达等方式获得感性认知或直接经验，从而开启他们的学习之旅。信息技术的价值在于为学生提供更加丰富的学习场景，使他们获得更多的学习机会和体验，从而更好地进行学习。其次，学生进行信息共享和互动交流。在获得具体体验后，学生应该与其他同伴分享他们的感受或观察结果，并通过交流将这些分享的内容融合在一起，从而建立起对事物的整体认知框架。再次，学生对过去进行反思。在这个过程中学生可以运用心理学知识解决自己遇到的一些问题。在体验和交流的过程中，学生提炼出思想精华，并通过反思整个过程，得出研究结果，同时发现过程中的不足，制订修正计划，以期今后能够更深入地学习。最后，学生进行实际运用。最终步骤在于规划，即如何将这些体验融入实际工作和生活中，以达到更好的效果。学生在不断循环的学习过程中，获得了一种珍贵的应用体验，这种体验将引发新的循环，从而真正实现学生的主动发展。

三、信息化体验学习的目标

（一）培养和提高学生的思维品质

信息化学习注重提供信息技术支持的高层次学习体验，以激发学生的积极思考，使其在高度专注的状态下进行学习活动，通过解决问题的过程获得体验和感悟。高层次的体验学习是指通过学习培养和提高学生的智力，实现深层学习。智力品质是智力活动中智力和能力的特点在个体身上的表现。培养智力品质也就是培养学生的思维品质，思维品质体现了个体思维水平的差异，它是人的思维个性特征。提高思维品质是培养智力和能力的突破口[①]。人的思维品质包括五个方面：一是深刻性，是指思维的抽象程度和逻辑水平，以及思维活动的广度、深度、难度。它表现为深入思考问题，善于概括归类，逻辑抽象性强，善于抓住事物的本质和规律。二是灵活性，是指思维活动的灵活程度，反映了智力和能力的"迁移"。灵活性强的人善于从不同的角度思考问题。三是独创性，是指人的创造性思维。除善于发现问题、思考问题外，更重要的是创造性地解决问题。四是批判性，是指独立分析和批判的程度。五是敏捷性，即思维的速度。

（二）开发学生的概括力

在重视对学生进行思维品质培养的同时，信息化体验学习还应该关注对学生概括力的开发。体验学习不能只停留在体验和分享的层面上，应该在反思的基础上学会概括。体验学习为学生提供了易于概括的基本条件，学生只有在学习中对所学内容进行高度概括、总结和提炼，才能得出学习结果。可以说，学生的学习

---

① 林崇德.学习与发展：中小学生心理能力发展与培养［M］.北京：北京师范大学出版社，1999.

离不开概括，概括是学习的基础，科学研究的结论往往来自概括过程。人们学习和运用知识的过程是一个概括的过程。概括是一切科学研究的出发点，没有概括，学生就不能掌握知识、运用知识和学习知识；没有概括，就难以形成概念，那么，由概念所引申的公式、定理、定义就无法被学生掌握；没有概括，学生的认知结构就无法形成，学生通过学习形成一个复杂和抽象的模式体系就会发生困难。

四、信息化体验学习的特点

信息化体验学习的特点可以概括为以下几点。

（一）主动性

主动性强调学生应积极主动地参与学习过程，以促进学习效果的提升。以学生为中心的活动，注重学生的情感体验，要求学生通过观察、反思和总结，在不同的环境中学习、思考和解决问题。

（二）主体性

主体性是指发挥学生的自觉性。在学习过程中，教师可为学生提供一定的学习环境和简明易懂的内容，而具体的活动计划、细则、步骤和行动方案的实施则由学生自主完成。但是在体验的过程中，特别是在学生遇到困难的时候，教师需要给予指导。

（三）实践性

信息化体验学习强调在信息技术环境中的"做中学，学中做"。它强调实践及动手操作，要求学生不仅在课堂上、校园里，还应该在课后、校外将自己所学的知识、技能和生活经验加以充分运用，并从中获得新的生活体验。整个过程都需要学生亲身参与、经历和体验，需要他们自己在行动中进行概括总结，逐步掌握学习的一般规律和方法。

（四）反思性

反思性是指学生回顾自己的体验或经历的方式方法。我们无论采取什么方式学习，最终都要通过自己的反思、提炼、升华，才能有质的飞跃。美国著名教育家、心理学家杜威（Dewey）认为，体验学习与其他学习方式的差异在于它不仅强调学习者的"做"所形成的经验，还强调学习者对经验的反思，他认为"没有反思的经验是没有意义的"[①]。因此，与机械式的记忆学习不同，反思是体验学习的

---

① 杜威.民主主义与教育［M］.王承绪，译.北京：人民教育出版社，2001.

关键,它要求学习者有意识地关注所学内容并努力巩固,经常使用"为什么""如何""是什么"来反思学习内容的价值、学习方法的适宜性,以及每个阶段的收获、与以前知识的联系和需要调整的环节。同时,反思进一步促进了知识的理解、掌握。

五、信息化体验学习的理论基础

美国教学设计学者梅瑞尔(Merrill)提出了"学习的五大信条"。第一,当学习者介入解决现实生活中的问题时,就会促进学习。第二,当激活已有知识并且作为新学习的基础时,就会促进学习。第三,当向学习者展现新知识时,就会促进学习。第四,当学习者应用新知识时,就会促进学习。第五,当新知识整合到学习者实际生活中时,就会促进学习。可见,学生亲身参与实践过程,将生活经验与所学内容相结合,应用所学知识,自主建构主观知识,是十分重要的。

美国著名的合作学习理论家约翰逊(Johnson)兄弟认为,体验学习基于三个假设:当我们参与到学习中时,学习效果最好;我们需要自己发现知识,这些知识对我们才有意义,才能改进我们的行为;能够自主设置自己的目标,并在既定的范围内积极地去实现这些目标,才最投入。

从学习方式方面考虑,现代教师应该对学生学习方式的侧重点有所思考。当前,人们广泛关注以学生为中心的学习方式,强调从强制性学习向自我要求的学习转变,注重对已有知识经验和方法的掌握;强调从知识的单一性和片段性的学习方式向融合性和关联性的学习方式转变,将学习从书桌上的纸上谈兵转化为注重实践和行动力的沉浸式学习体验;强调从以记忆为核心的学习模式向以研讨为导向的学习模式转变;强调从传统的学习模式转变为以生活为主题的学习模式。这就是"转换",这种方式是对传统教育理念与模式的突破。

六、信息化体验学习的设计原则、教学策略和基本环节

(一)信息化体验学习的设计原则

信息化体验学习有利于培养学生的六大基础能力,即具体体验能力、反思观察能力、抽象概括能力、主动实践能力、合作交流能力和信息技术能力。在某种情境中,学生通过实践获得的具体经验是进行观察和反思的基础,而观察所得经过交流就会同化到新的认知结构中。然后,这些认识可以指导学生未来的行为,并产生新的体验。在这个过程中,教师应该注意培养学生的这六大基础能力,且应该遵循以下基本原则。

第一，科学性原则。信息化体验学习的体验环境应该符合客观实际，如果违背生活常识和科学规律，就会误导学生。

第二，真实性原则。信息化体验学习的模拟学习环境应该尽量真实，接近现实生活，这样才能使学生在真实的生活中正确地应对。学习活动应当在与现实世界相类似的情境中进行，以解决现实生活中的真实问题为目标，学习的内容尽量选择真实性任务。

第三，主体性原则。信息化体验学习活动必须鼓励学生积极主动地体验，激发学生的学习动机、增强学生的学习责任感。在体验学习过程中，学生是信息加工的主体。因此，学习环境中的各个要素应该充分激发学生的主观能动性。主动学习是一个过程而不是一个结果。

第四，实践性原则。按照美国社会心理学家库伯（Kolb）的"体验学习圈"的说法，体验是信息化体验学习的开端和基础。所以，真实的体验活动是体验学习的首要环节，学生通过亲身经历，获得反思的机会，从而促进自身的发展。

第五，社会性原则。社会性体验是学校教育的优势所在，也是信息技术可以提供有效支持的方面。在信息化体验学习过程中，生生之间、师生之间的交流有利于学生的学习。因此，应适当采用小组学习或其他的协作学习方法，通过讨论、协商、合作等方式使学生接触各种不同的观点，形成共享的、更高级的理解，有利于知识的广泛迁移。同时，有利于学生提升处理人际关系的能力。

（二）信息化体验学习的教学策略

信息化体验学习的教学策略可以划分为活动教学策略和情境教学策略。如果深入研究则会发现信息化体验学习的教学策略有以下几种。

第一，情感体验式。教师运用情感体验事件，引导学生通过想象、联想、对比等，实现情感的共鸣和升华。情感体验包括两个层次。第一层次是直觉的情绪体验。例如，呈现与学生很贴近、很新颖的事例，采用抒情、激励、富有感染力的语言，借助多媒体设置问题情境和悬念等，都能成功启动学生直觉的情绪体验。但是，直觉的情绪体验具有浅表性的特点，因而应继续引导学生深化情感体验。第二层次是情感体验。真正的社会性情感体验需要建立在直觉的情绪体验的基础上。如何激发学生的情感体验呢？可以引导学生借助多种感官，通过各种技术手段进行体验；可以调动学生已有的生活经验，引导学生做肯定或否定的评价，体验自己所表现的爱与憎、满意与讨厌的情感。

第二，情境体验式。情境体验式是为学生创设某种情境，使学生在活动中进

139

行观察、思考、操作，从而进行体验学习。情境有三种类型：一是艺术情境，即以音乐、绘画、雕塑等艺术手段启迪学生的情感；二是人为情境，即用人为的手段，创设一种接近现实的模拟情境，使学生可以在这种情境中得到深刻的体验；三是现实情境，即充分利用现实生活场景，使学生可以得到最真实的体验。

第三，活动体验式。在实践中获得的体验很有意义，有教育家曾经表示，在学生的思想和行为之间有一条鸿沟，需要用实践去填埋。因此，教师需要有意识地开放课堂，开展活动教学，如近年来出现的"探险学习"就是一种真实的项目活动体验。

第四，考察体验式。考察是人类认识世界的重要手段，在体验学习中占有重要的位置。考察是人在实践中通过视觉、听觉、触觉等获取信息的过程，从某种意义上说考察本身就是一种体验。

（三）信息化体验学习设计的基本环节

信息化体验学习可以通过以下五个环节实现预期目标。

1.创设学习环境

体验学习需要特定的情境。情境创设应设计不同情境的应用实例和相关学习资料，并应创设接近真实情境的学习环境。信息技术在创设学习情境方面可以发挥积极作用。[①]

需要注意的是，不同的学习目标和内容可以创设不同的情境，以培养学生相关的能力：在以感知为导向的环境中，注重培养学生观察和理解的技能；在以符号为导向的教学环境中，强调培养学生的抽象概括能力；在理论取向的环境中，重视培养学生对认知过程的研究；在行为导向的环境中，注重培养学生在虚拟的情境中通过猜测和推断来采取行动，以解决问题。

2.研究学生的差异

教学设计者应该为不同的学生设置不同的教学环境和活动，因材施教，关注学生的差异。库伯在"体验学习圈"模型的基础上，建立了体验学习的四阶段理论模型，包括具体经验、反思性观察、抽象概念化、主动实践。具体经验是让学生完全投入一种新的体验；反思性观察是学生在停下的时候对已经历的体验加以思考；抽象概念化是学生必须达到能理解所观察的内容的程度，并且吸收它们使之成为合乎逻辑的概念；主动实践是学生要验证这些概念并将它们运用到制定策略、解决问题之中去。库伯认为学习过程有两个维度：第一个维度为领悟维度，

① 李梅.体验学习：21世纪重要的学习方式［D］.广州：华南师范大学，2004.

包括两个对立的掌握经验的模式，即直接领悟具体经验、间接理解符号代表的经验；第二个维度为改造维度，包括两个对立的经验改造模式，即内在的反思、外在的行动。在学习过程中两者缺一不可，经验学习过程是不断的经验领悟和改造过程。

从库伯的理论模型中可以推导出这样的结论：学生需要发展不同的能力，同时，学生的各种能力也存在着不平衡性。这些认识有些类似加德纳的多元智能理论。[①] 信息化体验学习在因材施教方面具有很大优势，它所具有的资源性、技术性和开放性的学习环境可以满足学生的各种学习需要，为学生提供多种学习机会。

3.学生与环境互动

有效的体验结果来自学生与学习环境产生的互动。教师应该通过不同环境因素的刺激来发展学生的各种能力。只有实现学生与学习环境的互动，学生才能在信息化体验学习的环境中充分发挥自己的才能。要实现学生与学习环境的互动，创设的学习环境应该引起学生的兴趣，激发学生的学习动机。应该使学生获得成功感，体会到学习的愉快。

4.合作交流

"体验"与"合作"的结合，可以获得理想的学习效果。在体验过程中，学生可以将自己的认识、理解和领悟与同伴交流，并逐步形成自己的认识。交流的形式包括争论、帮助、提示等。在信息化体验学习中，信息技术能够实时有效地为学生提供与教师、同伴交流的机会。教师在学生的合作交流过程中，不能袖手旁观，必须与学生"打成一片"，与学生一同体验，一同交流。教师是"得道在先者"，有责任对学生不同的体验目的、不同的体验方法、不同的体验视角和观点进行指导，帮助学生从中得到启发。

5.反思

其实，反思是学生使用任何学习方式都必须进行的学习活动。

对于信息化体验学习而言，反思是一种不可或缺的手段。反思是一个从实践到认识再到实践的过程，也就是对自己的行为进行不断的审视、调整、评价、改进，使之符合教育教学规律。在采取行动后，必须对自己的行为进行反思。只有通过不断实践和反思，学生才能真正汲取新的知识。学生只有在反思的过程中，才能真正体验到学习的过程。布德（Boyd）及其团队提出了一个问题，即如何将经验转化为学习的过程？为了促进反思和学习的发生，必须认识到以下几点：

---

① 　加德纳.多元智能［M］.沈致隆，译.北京：新华出版社，1999.

学生只有通过自我学习，才能真正反思自己的经验；在反思过程中，学生不仅要学会知识技能，还要学会如何进行自我监控与评价。反思是一项错综复杂的活动，它将感觉和认知紧密地联系在一起，并相互作用在一起。在体验学习的循环过程中，反思是一项不可或缺的环节。

如何培养学生的反思能力，是一个值得深入探讨的话题，要思考如何让学生在思考中发现问题、提出问题、解决问题。通过设置一系列具有启发性的问题，引导学生进行自我探究、反思和评估。多元的设计可以提升学生在比较、分析、想象和综合方面的能力。在提出问题时需留意：第一，引导学生回到最初的感受，并通过某种形式的描述来重新诠释学生的感受，如向他人述说；第二，提醒学生关注与个人体验相关的情感体验，因为学生的情感体验有时会对其对事件的反应产生影响，一种消极的情感体验可能会扰乱其对事件的反应；第三，让学生重新评价已获得的经验，并注意描述和感觉。

七、信息化体验学习的评价

（一）信息化体验学习的评价原则——发展性原则

《基础教育课程改革纲要（试行）》指出："评价不仅要关注学生的学业成绩，而且要发现和发展学生多方面的潜能，了解学生发展中的需求，帮助学生认识自我，建立自信。发挥评价的教育功能，促进学生在原有水平上的发展。"信息化体验学习的评价理念强调评价的发展性原则，注重对学习过程的评价和在过程中的评价，重视学生在学习过程中的自我评价，使评价成为学生自我反思、自我发现和他人欣赏的过程；注重评价内容与方式的多样化，关注信息技术发展给学生带来的变化。强调评价的激励性是至关重要的，通过对信息化体验学习的评价，可以激发学生对知识的好奇心和兴趣，从而激发他们对学习产生积极的情感体验。

（二）信息化体验学习的评价方法——表现性评价

在信息化体验学习中，运用基于评价的发展性原则，我们可以采用一种名为"表现性评价"的方法来进行评价。可以通过观察学生在完成实际任务时的表现来评价学生的发展成就，这种评价方式称为表现性评价。表现性评价包括对学生行为方式或能力方面的评价。[①] 相对于关注等级、名次和客观知识的评价，表现性评价更加注重可观察的结果和标准，强调操作和应用，通过标准、任务作业和

---

① 傅道春.新课程中课堂行为的变化［M］.北京：首都师范大学出版社，2002.

评分规则来实施，而在教室内评价（小测验、考试）和标准化测验中则更加注重课程和技能的评价。它重新回归于学生的学习活动，回归于教学中的完整而真实的生活，强调在完成实际任务的过程中对学生的发展进行评价，不仅关注学生知识技能的掌握情况，更重要的是通过对学生的表现进行观察分析，评价学生在创新能力、实践能力、合作能力、健康情感、积极态度和科学价值观等方面的表现。信息化体验学习不仅是一项活动，更是一种渐进式的学习过程，为学生提供了全方位的学习体验。信息化体验学习就是要让学生用自己的眼睛和耳朵去感受现实世界，用自己的心灵去感知这个世界。该内容不仅涵盖了学习所带来的成果和体验，还包括了学习过程中的感受。在信息技术环境下进行的体验式学习，就是让学生经历"做"和"想"两个阶段的活动过程。这句话生动地诠释了信息化体验学习的本质所在。因此，信息化体验学习评价的目标不仅在于对学习结果的评估，更在于对学习过程的把握，强调过程性评价，评价的成果不在于形成判断，而在于激发行动。信息技术环境下的信息化体验学习评价强调以学生为中心，关注学习的意义与价值。在学习过程中"学生需要利用评价的机会来了解自己的进步，评判自己的成绩，监控自己的发展。他们具有认识自己的优势、倾向和不足之处的能力"。

（三）信息化体验学习的评价标准制定

在进行设计评价之前，必须首先明确评价的目的、内容和标准，只有这样才能开始进行评价工作。表现性评价就是要解决如何正确评价的问题，因为它是评价能否顺利实施的前提。为了对学生在体验学习过程中的具体行为表现进行评价，必须将其学习活动分解为可观察的具体行为，这些行为构成了表现成果，并制定了相应的评价标准。这就要求我们从实践出发，结合信息技术学科特点及教育心理学规律，构建适合于信息化情境下的表现性评价体系。确立具体而明确的评价标准，是成功进行表现性评价的关键所在。制定评价标准时，李梅学者提出了两点需要特别关注的问题：

一是为了指导观察和评价，我们建议制定一套行动策略，其中包括列出希望评价的表现行为的主要方面，以此为指导；选择合适的表现标准。为了便于观察和判断，我们需要控制表现标准的数量，通常在 10 ～ 15 项，以确保观察的准确性和可靠性；以可观察、可测量和可量化的学生行为或成果为基准，避免使用模糊的措辞来描述标准；为了便于观察和判断，我们将表现标准按照行为表现的出现顺序进行排列。

二是建议确定信息化体验学习的评价内容和标准，制定具体的行为表现评价方案。具体地说就是以信息技术课程为基础，结合其他相关学科知识，设计出与之相适应的信息化体验学习评价项目及其具体内容。

第六节　信息化移动学习方式

一、信息化移动学习的含义

云计算技术、智能用户界面、情境模式应用的飞速发展，加之蓝牙、无线保真技术、无线多跳网络等的发展，为在学习中应用信息技术提供了无限可能，信息化移动学习也就应运而生了。

从学习者的角度看，信息化移动学习是发生在学习者不被局限于预先设定的、不可变更的地点的学习，学习者借助无线通信网络技术以及手持式通信设备获取学习资源，并与他人进行交流的数字化学习方式。它包括便捷的学习资源、丰富的交互性、强有力的学习支持和促进学习者发展的发展性评价，是未来社会的重要学习方式。

根据英国诺丁汉大学学习科学研究院迈克·沙尔普斯（Mike Sharples）教授的研究，移动技术具备支持多种类型学习的潜力。[①] 一是个性化学习。个性化学习是一种利用移动技术实现的学习方式，它能够根据不同个体的需求调整学习环境，从而支持学习者，并将其应用于他们所需的情境中。因此，个性化学习的灵活性和可用性极高，无论身处何地，只要学习者有学习的需求，就能够轻松地进行学习。二是对话性学习。其通过与他人进行交流分享彼此的观点，强调在教师的指导下学生主动地建构知识。三是协作学习。协作学习是一种以小组为单位进行问题解决学习的学习方式，它能够促进学生之间的协作和沟通，提高学习效果。四是探究性学习。学习者根据探究的主题使用移动技术收集数据，再进一步讨论、分析数据，并进行科学探究。

二、信息化移动学习的特点

相对于其他学习方式而言，信息化移动学习呈现出高度的可移动性、互动性、数字化、片状化以及个性化等显著特征。

[①] 　詹青龙，张静然，邵银娟，等. 移动学习的理论研究和实践探索：与迈克·沙尔普斯教授的对话［J］. 中国电化教育，2010（3）：1-7.

（一）移动学习在形式上是移动的

学习者不再受限于固定的学习场所，如课桌前、课堂上或学校内，而是可以自由地进行学习和探索。学习者能够利用手机等移动设备上网和获取知识，他们可以在任何时间、任何地点进行学习，不受任何限制。这就是所谓的"移动学习"。

（二）移动学习在内容上是互动的

移动学习的技术基础是无线技术和互联网技术，只有在内容上互动，实现双向交流，才使得"移动"更有意义，才能更充分地表现出移动学习的优越性。

（三）移动学习在实现方式上必须数字化

应该使用移动计算技术进行数字化学习。这一点是区别于传统学习方式的关键，它既是前两条的保障，又是前两条的必然选择。

（四）移动学习是一种高度片状化的过程，易受干扰

学习是一项艰苦的活动，注意力必须集中和进行深入思考。人在移动中，会出现各种分散注意力的因素。这会使学习者产生烦躁的感受，使得学习行为出现片段化现象。

（五）移动学习是一种个性化和情绪化的过程

学习者在移动中学习时，一定会体验到与固定学习的差异，会遇到各种妨碍学习的困难，会产生一些个性化的情感体验。这种体验有积极的，也有消极的，学习者必须首先克服消极情绪，才能克服学习困难，进行有效的学习。

三、信息化移动学习的核心环节

情境是移动学习的核心环节。所有的移动学习活动都要在一定情境中发生。沙普尔斯（Sharlpes）教授将情境界定为包围技术使用者的"外壳"情境和产生于人和技术积极互动过程中的情境两种模式。"外壳"情境模式将学习者置于一个感官能不断接收信息并用这些信息构建对知识的理解的环境中。例如，教室中的学习者能够接收来自教师、电子白板和教材的信息，这些信息必须被同化和吸收以构成对所学主题的综合理解。然而，学习不只发生在某个情境中，它还通过连续的互动创设情境。情境有可能被暂时固化，如在有共同志趣的人群中建立社交网络，但是情境从来都不是静止的，学习的场景随着人们位置的移动、新资源的获取和新对话的展开总在不断变化。

传统的教室学习是建立在一个相信情境具有稳定性的认识基础上的。这种学

习有一个固定的可以提供基本学习资源的场所，为学习可以日复一日地进行下去提供保障。而数字化时代为学习提供更多的可能性，那么建立一个移动的学习场所就成为重要问题。

这种比喻很有说服力，情境是永远在播放的影片，每一个正播放的镜头都是前面情境的发展，整个影片就是全部的学习资源，影片中的演员在逐步了解剧本和通过对话增进相互理解的过程中不断地改写剧情。

四、信息化移动学习的设计原则与环境设计方法

（一）信息化移动学习的设计原则

受学者詹青龙研究的启发[①]，可以对信息化移动学习的设计原则做如下概括：

1.充分体现信息技术的中介性

信息化移动学习之所以与其他学习活动不同，是因为信息技术在其中扮演了中介性的角色，如可以使用掌上电脑阅读学习材料，而纸质学习材料则不具备这种特性。同时，信息技术也能促进学习者之间、学习者与环境之间的互动和交流。因信息技术的广泛应用，信息化移动学习已成为不可或缺的重要方式。

2.持续保持对信息化移动学习目标的关注

在"移动"过程中，学习者的专注力会受到多种因素的干扰，同时，学习时间的可持续性也无法得到保障。如果学习者不注意学习任务，就可能导致学习效果不佳甚至无法完成。在此情形下，学习者的积极心态对于学习目标的确立具有至关重要的作用。只有当学习者能够明确自己需要什么和如何去实现这些要求时，才有可能达到预期目的。积极主动地接近目标的心态，对于学习者而言，是一种至关重要的素养。特别是在非正式的学习过程中，学习者若表现出智力投入不足，可能会影响到其学习效果。因此，在进行非正式的移动学习时，学习者应该时刻牢记自己的学习目标，以便在未来的学习过程中能够更好地实现自我价值和目标。学习者要确定自身的学习任务、学习目的、学习材料及相应的策略，并以此作为行动的依据。此外，学习者需自主设定目标，精选并处理与目标设定相关的恰当信息。只有这样，才能保证学习者始终处于最佳状态下学习。通过确立明确的学习目标，学习者可以在追求学习目标的道路上投入更多的时间和精力，从而获得更好的效果。

---

① 詹青龙.活动理论视域的移动学习活动设计［J］.电化教育研究，2010（2）：58-62.

3. 强调信息化移动学习的转化性

信息化移动学习不仅为我们提供了获取社会经验的机会，也为我们提供了参与社会活动的直接途径。信息化移动学习在教育中得到了广泛应用并产生了巨大影响，已经成为一种新的学习方式。移动学习者在信息化的学习过程中，通过参与外部体验活动和内部心理活动的不断转化，实现了良性机制，从而促进了自身的发展。

4. 关注信息化移动学习活动的情境性

尽管移动环境的因素错综复杂、难以把握，但其具备自我约束和自我管理的特质。这种自在性会导致个体对自身所处的情境有一个清晰的认识，并能自觉地调整自己的行动来适应这个特定的情境。学习者可以在具有自在性的环境中进行活动，这些环境可以作为容器或外壳，如移动学习的物理、计算或感知环境。自在性会影响到个体对知识信息的加工处理过程和学习效果。学习者在有意识的情况下，通过与移动技术构建互动环境或通过移动技术与他人互动，能够创造一种具有自在性的学习情境。

（二）信息化移动学习环境的设计方法

设计信息化移动学习，应该综合考虑教学理论、学习理论和移动技术应用理论的交互结合。其中起主导作用的是教学理论和学习理论，移动技术可以被当作一种学习工具，在非正式或正式情境中帮助学习者开展学习活动并可以取得没有这些学习工具就不可能取得的成绩。信息化移动学习活动的重要特征是其学习环境与其他学习方式有所不同，因此，对信息化移动学习环境的设计就显得尤为重要了。教师必须根据移动学习的不同类型，设计和开发相应的信息化移动学习环境，具体设计方法有以下几种。

1. 学习资源展示型的信息化移动学习环境设计方法

①直观界面。

②通往知识内容的便捷路径。

③由使用者控制的信息流。

④支持屏幕直接操作。

⑤信息图表化、可视化、隐喻性描述。

⑥对不同学习模式或学习风格的支持。

⑦学生现实生活中的活动安排。

⑧工具支持（如计算、绘图工具）。

2.涉及游戏和协作学习的信息化移动学习环境设计方法

①知识内容与学习活动紧密结合，如算术知识技能和游戏相结合。

②情境敏感度——收集特有的信息数据。

③协作学习——提供小组内部和小组间的互动。

④使用者个性化设置——提供足够的支持。

⑤明确的反馈。

3.涉及将移动学习环境和学校教育相结合的信息化移动学习环境设计方法

①为教师准备清晰、易读的使用说明。

②指出如何将移动学习内容与传统教学相结合。

③移动情境包含于学校环境中，并注意对学生的迁移作用。

④使用管理工具帮助教师监督学生活动。

⑤鼓励教师和学生参与构建生成性学习资源。

一般情况下，设计、内容和展示中的细节会影响教师和学生对整个学习活动的感受。信息化移动学习的设计者应该密切关注移动学习领域的研究动向，并时常与有经验的教师交流看法和体会，进行教学研究的切磋。

五、信息化移动学习的评价

（一）信息化移动学习评价的特点

一般而言，评价信息化移动学习的效果是一件比较困难的工作。因为它不仅引入了新技术和新的学习模式，而且还广布于各类情境之中，学习时间较长。通常人们无法控制变量进行对比研究。信息化移动学习与课堂学习的不同，体现在它支持不同情境的学习活动。如此变幻的情境和正式—非正式学习活动的转换给评价带来困难。信息化移动学习不易观察，没有固定的课程和教学计划，会与其他活动交织在一起，并且会因控制课堂外的活动而涉及伦理道德问题。

（二）信息化移动学习的评价策略

信息化移动学习的可用性、有效性等方面是评价信息化移动学习的重要指标，但如何在具体操作实施过程中合理而有效地对这些指标进行评价，是实践者应该着重思考的问题。在此，提出一些有效获得评价指标的基本策略。

第一，可以使用技术手段解决在现场评价可用性时所遇到的困难。通过设计专门软件记录使用者的互动和使用时间，形成使用的时间表或交互记录。还可以利用移动电话或便携式电脑的多媒体功能对学习活动进行录音或拍照，频率可以设定为持续记录、定时记录、随机记录或由使用者启动。

第二，教育目标和情境决定着信息化移动学习的有效性。评价学校有效学习的方法可能无法评价非正规学习。反之，学生课外学到的知识可能与正式课程的目标不相符，但却对终身学习，如开展独立研究或参与社会生活非常有利。因此，对信息化移动学习的评价必须与学习活动发生的情境和目标紧密相连。必须明确，学习目标是研究一个主题、提升某种技能，还是发展终身学习能力；学习活动是由学生自主实施和管理的，还是由外部力量调控的。

（三）信息化移动学习的评价方法

评价信息化移动学习首先要确定学习是由学生自己发起并管理的还是由外部力量控制的。

自己发起并管理的移动学习的内容和情境通常不可预知。考察这种学习的过程确实很困难。有学者曾经设计了一种基于学生日记和访谈的研究非正式移动学习的方法。虽然耗时耗力，但它确实能够有效地评价移动学习的情境和条件。另一种方法是事先与学生建立约定，在学习过程中定期通过电话或短信了解学生的学习活动。

对于由外部力量控制的信息化移动学习，更容易事先确定情境和主题，因此可以事先研究学习材料和环境，并确定观察学习行为的地点和形式。具体方法主要包括观察个人或小组学习活动的录像采集数据，也可以考察人机互动日志档案和观察者笔记。

参 考 文 献

［1］潘新民．数字化时代学生学习方式转型研究：基于电子书包的实践分析［M］．重庆：重庆大学出版社，2019．

［2］谢同祥．信息技术环境下的淮安信息化教育发展［M］．南京：南京大学出版社，2018．

［3］陈光海，汪应，杨雪平．信息化教学理论、方法与途径［M］．重庆：重庆大学出版社，2018．

［4］汪应，陈光海，韩晋川．高校教师信息化教学能力构成研究［M］．重庆：重庆大学出版社，2018．

［5］吴颖惠，李芒，侯兰．信息化学习方式教学课例研究与实践［M］．北京：人民邮电出版社，2017．

［6］马启龙．信息化教育学原理［M］．兰州：甘肃人民出版社，2017．

［7］张业茂，刘畅．国际化与信息化：学校音乐教育的应对［M］．武汉：华中师范大学出版社，2016．

［8］刘清堂，朱珂．数字化学习资源与活动整合应用研究［M］．武汉：华中师范大学出版社，2015．

［9］张红艳，王韵．后疫情时代中学化学教师信息化教学能力评价［J］．化学教育（中英文），2023，44（5）：96-102．

［10］曾妮，龙海，杨曼娜．高职院校教师信息化教学能力的提升策略［J］．机械职业教育，2023（2）：56-62．

［11］张盼盼．校企行"三元育人"背景下职业院校艺术设计专业信息化教学探索［J］．河南教育（高等教育），2023（2）：71-72．

［12］王小斌．"互联网＋"时代高等数学信息化教学分析［J］．中国新通信，2023，25（4）：183-185．

［13］吕丹丹．互联网背景下信息化教学资源共享平台建设研究：评《互联网＋背景下信息化教学资源共建共享与服务》［J］.中国科技论文，2023，18（2）：238-239.

［14］袁皓楠，刘美怡．教育信息化背景下在线学习满意度的调查研究［J］.天津电大学报，2022，26（1）：71-75.

［15］卢桢好，梅阳阳．以学生为导向的护理教师信息化教学能力提升策略［J］.教育教学论坛，2021（47）：181-184.

［16］黄智广，吴雪如.信息化时代大学生外语自主学习能力培养［J］.现代交际，2021（18）：165-167.

［17］王颖，徐海川，韩仲华，等．人工智能视域下的信息化学习［J］.中国新通信，2021，23（16）：113-114.

［18］魏立坤．信息化学习资源在小学英语教学中的利用［J］.科学咨询（教育科研），2021（3）：172-173.

［19］张芥.大学生同伴关系对信息化学习能力的影响：基于多层线性模型［D］.贵阳：贵州师范大学，2020.

［20］刘中敏．教育信息化2.0背景下的初中学生学习指导研究［D］.呼和浩特：内蒙古师范大学，2020.

［21］尹丽娟．广西高校教师信息化教学能力研究［D］.南宁：广西大学，2020.

［22］云程彬．口译学习者信息化学习资源使用影响因素研究：基于 UTAUT 模型的量化研究［D］.厦门：厦门大学，2020.

［23］马秀文．现代教育技术全日制专硕课外信息化学习行为影响因素研究［D］.兰州：西北师范大学，2019.

［24］杨磊．教师信息化学习力发展研究［D］.重庆：西南大学，2019.

［25］高文龙．河北省高校英语教师信息化教学能力研究［D］.保定：河北大学，2016.

［26］高鹏飞．高校信息化教学质量评价研究［D］.南京：南京师范大学，2011.